Hwn yw y Mwyaf Un

Myfyrdodau gan bobl fu yng nghwmni Iesu

GAN
Nick Fawcett

ADDASIAD CYMRAEG GAN
Olaf Davies

CYHOEDDIADAU'R
GAIR

ⓑ Cyhoeddiadau'r Gair 2014
Testun gwreiddiol: Nick Fawcett
Cyhoeddwyd yn wreiddiol gan Kevin Mayhew Ltd,
Buxhall, Stowmarket, Suffolk, UK, IP14 3BW

Addasiad Cymraeg: Olaf Davies
Golygydd Cyffredinol: Aled Davies

Dymuna'r cyhoeddwyr gydnabod cymorth
Adran Olygyddol ac Adran Grantiau Cyngor Llyfrau Cymru.

Argraffwyd gan Melita oddi fewn i'r Undeb Ewropeaidd

**Cyhoeddwyd gan
Cyhoeddiadau'r Gair, Cyngor Ysgolion Sul Cymru,
Ael y Bryn, Chwilog, Pwllheli, Gwynedd LL53 6SH.
www.ysgolsul.com**

CYNNWYS

Ioan Fedyddiwr

Mathew 11:2–11

Pan glywodd Ioan yn y carchar am weithredoedd Crist, anfonodd trwy ei ddisgyblion a gofyn iddo, "Ai ti yw'r hwn sydd i ddod, ai am rywun arall yr ydym i ddisgwyl?" Ac atebodd Iesu hwy, "Ewch a dywedwch wrth Ioan yr hyn yr ydych yn ei glywed ac yn ei weld. Y mae'r deillion yn cael eu golwg yn ôl, y cloffion yn cerdded, y gwahangleifion yn cael eu glanhau a'r byddariaid yn clywed, y meirw yn codi, y tlodion yn cael clywed y newydd da." (Mathew 11:2–5)

Myfyrdod
'Ai ti yw'r un,' gofynnais –
'yr un y buom yn ei ddisgwyl,
yn dyheu amdano,
ers canrifoedd?'
Dylwn fod yn gwybod, meddech chi,
heb fod angen cadarnhad,
ond cofiwch, bûm dan glo ers misoedd,
heb glywed newydd am neb na dim,
ac roedd hi'n anodd deall pam fod Duw wedi caniatáu hyn,
heb sôn am gadw ffydd i'r dyfodol.
Beth pe bawn i'n anghywir,
ac wedi camddehongli'r arwyddion?
Beth os nad yr un a fedyddiais oedd y Meseia wedi'r cwbl?
Gallai'r cyfan fod yn gamgymeriad mawr.
A minnau yn yr hen gell dywyll a llaith yma,
dechreuodd hen feddyliau felly gyniwair yn fy mhen.
Felly pan glywais ryw sibrydion fod Iesu wrth ei waith,
a'i eiriau'n dechrau corddi'r dyfroedd,
yn naturiol roeddwn am wybod mwy,
er mwyn gweld a oedd fy argraffiadau cyntaf yn gywir,
ac nid yn freuddwyd wag.
Anfonais fy nilynwyr i holi mwy,
ac roedd y newydd a gefais ganddynt yn dweud y cyfan –
y deillion yn gweld,
y cloff yn cerdded,

6

y gwahangleifion yn iach
a'r meirw'n codi;
cafwyd newydd da i'r tlodion,
cyfiawnder i'r gwan
a gobaith i'r gorthrymedig –
cyflawnwyd hen addewidion o'r diwedd.
Rwy'n dal yn gaeth wrth gwrs,
roeddwn yn disgwyl hynny,
ond eto rwy'n rhydd,
oherwydd bod yr un y dyheais amdano
wedi dod o'r diwedd,
gan ddwyn rhyddid i bawb.
Cefais fyw i weld ei deyrnas yn gwawrio.
Nawr, os oedd angen, roeddwn yn barod i farw drosti hefyd.

Gweddi
Duw cariad,
moliannwn di am
i ti adfer ac adnewyddu
bywydau pobl ar hyd y canrifoedd.
Diolchwn i ti
am nerthu'r gwan,
am gynnig gobaith i'r gorthrymedig,
rhyddid i'r caethion
ac iachâd i'r cleifion.
Diolchwn i ti
am roi llawenydd i'r rhai mewn tristwch,
heddwch i'r rhai cythryblus
a goleuni i'r rhai mewn tywyllwch.
Uwchlaw popeth,
am drechu drygioni â daioni,
casineb â chariad,
angau â bywyd,
gogoneddwn dy enw.
Yn wylaidd a diolchgar,
cyflwynwn ein hunain i'th wasanaeth
ac i waith dy deyrnas.
Amen.

Y Bugeiliaid

Luc 2:15–21

Dychwelodd y bugeiliaid gan ogoneddu a moli Duw am yr holl bethau a glywsant ac a welsant, yn union fel y llefarwyd wrthynt. (Luc 2:20)

Myfyrdod
Digwyddodd yn union fel y dywedodd yr angel,
hyd at y manylyn lleiaf:
y stabl,
y preseb,
hyd yn oed y cadachau,
ac uwchlaw popeth wrth gwrs, y plentyn,
yn gorwedd yno mor dawel,
a'i fam flinedig yn syllu arno,
a'i gŵr wrth ei hymyl.
Anghofia i fyth yr olwg yn eu llygaid:
balchder yn naturiol, fel pob rhiant,
llawenydd, rhyddhad, cyffro –
ond mwy na hynny,
ymdeimlad o ryfeddod a pharch,
fel petaen nhw'n methu credu.
Ac wrth i ni siarad â nhw,
a rhannu'r hyn a welsom ac a glywsom,
gallem ddeall pam,
oherwydd iddynt hwy gael yr un neges â ni –
sef bod ei phlentyn wedi ei anfon gan Dduw,
y Meseia a addawyd,
Gwaredwr y byd!
Nid oeddem wedi meiddio credu,
na hwythau chwaith yn ôl pob golwg,
ond y mwyaf a glywem
a'r mwyaf y gwrandawem,
ni allem beidio â chredu.
Daethom yn obeithiol,
yn dyheu am gael credu,

eto ddim yn siŵr a allem.
Gadawsom dan ganu,
wedi ein galw i gredu,
ac yn hollol siŵr y *dylem*.

Gweddi

Crist ein Hiachawdwr,
diolchwn am yr hen addewidion yn rhagfynegi dy ddyfodiad,
am dystiolaeth yr Efengylau i'th eni ym Methlehem,
am dystiolaeth yr Ysgrythurau yn cadarnhau dy nerth,
ac am brofiad y rhai dros y canrifoedd a alwyd i fod yn Eglwys i ti.
Yn fwy na dim,
diolchwn y gallwn dy adnabod drosom ein hunain,
nid credu *amdanat* ti ond credu *ynot* ti
wrth i ni ymateb yn llawen i'th gariad.
Rwyt wedi ein galw i antur ffydd.
Helpa ni i chwilio gyda thi.
Amen.

Mair mam Iesu

Luc 1:39–45, [46–55]

Ac meddai Mair: "Y mae fy enaid yn mawrygu yr Arglwydd, a gorfoleddodd fy ysbryd yn Nuw, fy Ngwaredwr, am iddo ystyried distadledd ei lawforwyn. Oherwydd wele, o hyn allan fe'm gelwir yn wynfydedig gan yr holl genedlaethau, oherwydd gwnaeth yr hwn sydd nerthol bethau mawr i mi, a sanctaidd yw ei enw ef; y mae ei drugaredd o genhedlaeth i genhedlaeth i'r rhai sydd yn ei ofni ef." (Luc 1:46–50)

Myfyrdod
Caf fy ngalw'n wynfydedig,
y mwyaf ei ffafr ymhlith gwragedd,
a gallaf ddeall pam,
oherwydd am ryw reswm anhygoel
dewisodd Duw *fi* i esgor ar fab iddo,
fi i gario'r Meseia a addawyd yn fy nghroth.
Mae'n anrhydedd tu hwnt i eiriau,
braint na allai neb ei hennill na'i haeddu,
a chystal cyfaddef fy mod yn dal i ryfeddu.
Bydd, fe fydd y tafodau'n brysur,
a'r llygaid yn anghymeradwyo –
ac yn sicr bydd gan Joseff druan rywbeth i'w ddweud hefyd –
ond er mor lletchwith a phoenus fydd hynny,
mae'n werth y cyfan am y llawenydd o gael fy newis
a chynnig fy hunan i wasanaethu fy Arglwydd.
Er hynny, chreda i ddim mai fi yw'r unig un i gael fy mendithio.
Dyma newydd da i ni i gyd,
pob gŵr a gwraig a phlentyn,
newyddion a fydd yn trawsnewid ein bywydau,
ein hanes,
a'n byd i gyd.
Oherwydd anfonwyd y plentyn hwn gan Dduw i waredu ei bobl:
i ddwyn rhyddid, gobaith, llawenydd a heddwch,
gwaredigaeth rhag beth bynnag sy'n ein caethiwo,
a maddeuant am ein holl bechodau.

Ystyriwch beth mae hyn yn ei olygu:
bywyd newydd,
dechreuadau newydd –
diwedd ar alar a dioddefaint,
tywyllwch ac anobaith,
ac ar angau ei hunan.
Dyma'r hyn y buom yn dyheu ac yn disgwyl mor hir amdano,
yr ateb i'n gweddïau.
Do, cefais fy mendithio,
ond peidiwch byth ag anghofio
i chwithau gael eich bendithio lawn cymaint –
mae rhodd rasol Duw i mi,
i chi
ac i bawb.
Mae fy enaid yn mawrygu'r Arglwydd
a'm hysbryd yn gorfoleddu yn Nuw fy Iachawdwr!
Beth amdanoch chi?

Gweddi
Arglwydd Iesu Grist,
am i ti ddod i'n plith,
am dy rodd o fywyd,
ac am yr heddwch, y llawenydd, y gobaith a'r cariad
yr wyt yn ei gynnig i bawb,
addolwn di.
Molwn di am dy fod yn *parhau*'n newyddion da
o lawenydd mawr, nid yn unig i eraill
ond i ninnau.
Gyda'n holl galon a'n holl enaid,
a phopeth sydd ynom, dyrchafwn di.
Amen.

Un o athrawon y Deml yn Jerwsalem

Luc 2:41-52

Ymhen tridiau daethant o hyd iddo yn y deml, yn eistedd yng nghanol yr athrawon, yn gwrando arnynt ac yn eu holi; ac yr oedd pawb a'i clywodd yn rhyfeddu mor ddeallus oedd ei atebion. (Luc 2:46–47)

Myfyrdod
Pwy oedd y bachgen hwn, tybed –
mor ddeallus,
mor ddwfn,
mor aeddfed am ei oed?
Nid llencyn cyffredin, mae hynny'n sicr,
oherwydd roedd ganddo bresenoldeb arbennig,
yn wahanol iawn i bawb a gwrddais o'r blaen.
A'r cwestiynau a ofynnodd:
rhyfeddol! –
Dro ar ôl tro yn peri i ni grafu'n pennau, nid mewn syndod yn unig,
ond mewn dryswch,
gan iddo dynnu gwirioneddau o'r Ysgrythurau na feddyliom ni amdanynt
erioed,
ac atebodd gwestiynau fu'n drech na ni am flynyddoedd.
Teimlem yn anghyfforddus braidd –
roedd fel petai'n gallu darllen meddwl Duw,
ond wrth gwrs, cabledd yw ystyried y fath beth
heb sôn am ddatgan hynny'n gyhoeddus.
Byddai'n rhaid iddo fod yn Fab Duw i hynny fod yn wir,
y Meseia,
a doedd hynny ddim yn bosibl
oherwydd cyrhaeddodd ei rieni,
yn llawn panig,
a cheryddu'r crwt am grwydro a cholli'r ffordd.
Mae'n rhyfedd iawn er hynny,
gan mai ni oedd yr arbenigwyr honedig yn y Gyfraith,
eto dysgodd y llefnyn hwn gymaint i ni'r diwrnod hwnnw,
byddai'n dda medru ei efelychu yn y ffordd y gwnaeth

Dduw mor real i bawb.
Mae rhywbeth arall sy'n achos mwy o syndod;
nid oedd yn deall gofid ei rieni,
ac awgrymodd y dylent fod yn gwybod
y byddai yn nhŷ ei Dad,
fel pe bai'n teimlo'n fwy cartrefol yma yn y deml,
ymhlith pethau Duw.
Ydw i wedi colli rhywbeth?

Gweddi
Arglwydd Iesu Grist,
diolch am ddatguddio'r Tad,
nid llefaru ei air
ond dod i'n plith,
cerdded ar y ddaear,
rhannu'n cig a'n gwaed,
er mwyn dangos ei ogoniant,
ei fawredd,
ei nerth a'i bwrpas.
Diolch am roi wyneb dynol i Dduw,
un y gallwn ei ddeall a chreu perthynas ag ef, –
am wneud ei gariad yn real i ni
clodforwn dy enw.
Amen.

Yr Ysgrifennydd

Mathew 5:13–20

"Peidiwch â thybio i mi ddod i ddileu'r Gyfraith na'r proffwydi; ni ddeuthum i ddileu ond i gyflawni." (Mathew 5:17)

Myfyrdod
Ni ddeuthum, meddai, i ddileu'r gyfraith
ond i gyflawni.
Wel am hyfdra!
Byddai awgrymu, hyd yn oed wrth fynd heibio,
y gallai unrhyw un –
heb sôn am y tipyn gwerinwr hwn
o berfeddion gwlad –
ychwanegu at orchmynion Duw
ac ymhelaethu ar eu hystyr
yn gabledd, dim llai, ac fe ddylwn i wybod,
oherwydd treuliais fy mywyd yn astudio'r Ysgrythurau
a manylu ar y print mân er mwyn mynd dan yr wyneb,
pob sill,
pob gair,
pob brawddeg.
Mae'n fusnes cymhleth
yn mynnu pob manylder:
rhaid dilyn y defodau a chyflawni'r aberthau
os ydym i wneud iawn am ein pechodau,
osgoi cosb,
ac ennill ffafr gyda Duw.
Felly a yw'r Iesu yma'n sylweddoli'r hyn y mae'n ei ddweud –
fod hyn i gyd,
gofynion y ddeddf,
yn rhywbeth y gall un dyn eu newid;
ac y bydd i unrhyw beth a wnaiff ef
ddileu camgymeriadau a phechodau'r gorffennol?
Wir i chi, mae pobl wedi marw am ddweud llai na hynny,
a chredwch fi mae hwn yn gofyn amdani,

14

ond dydy e ddim i'w weld yn poeni rhyw lawer.
Ymlaen ag ef i'w angladd ei hun.
Gadewch iddo farw os oes rhaid –
wedi'i brofi gan y gyfraith y daeth i'w chyflawni –
a chawn weld beth fydd hynny'n ei gyflawni.
Cawn, fe gawn ni weld!

Gweddi
Arglwydd, clywsom droeon
dy fod di'n cyflawni gofynion y gyfraith
sydd wedi eu crynhoi mewn dau orchymyn –
dy garu di a charu'n gilydd.
Er hynny, gwyddom fod gweithredu hyn yn fater arall.
Parhawn i droi ffydd yn fater o reolau a deddfau.
Daliwn i gredu dy fod
yn barod i gondemnio,
yn awyddus i gosbi.
Helpa ni i ddeall mai dyma'n ffordd ni
ac nid dy ffordd di.
Dangos i ni eto
ddyfnder dy gariad
ac ehangder dy drugaredd,
fel y gallwn ddathlu'r rhyddid rwyt ti yn ei gynnig yng Nghrist,
y bywyd llawn y bu ef farw er ei fwyn.
Amen.

Gwrandawr ar y Bregeth ar y Mynydd

Mathew 5:21–27

"Clywsoch fel y dywedwyd … Ond rwyf fi'n dweud …"
(Mathew 5:21a, 22a)

Myfyrdod
Roeddem wedi'n syfrdanu ar y dechrau,
wedi'n harswydo
o'i glywed yn siarad fel yna am y gyfraith,
un pwynt ar ôl y llall,
a rhoi gogwydd gwahanol i'r hyn a gredem ni.
'Clywsoch fel y dywedwyd...' meddai wrthym.
'Ond rwyf fi'n dweud...'
Yna, i bob golwg, ailysgrifennodd yr Ysgrythurau
yn union fel pe bai'n Dduw ei hunan.
Galwch fi'n hen ffasiwn os mynnwch, ond roedd yn anodd ei dderbyn,
oherwydd magwyd fi i barchu ein henuriaid,
y rhai a dreuliodd eu hoes yn astudio'r pethau sanctaidd,
felly roeddwn yn benderfynol o beidio ag ildio.
Gwrthodais roi gwrandawiad iddo,
heb sôn am ystyried ei eiriau.
Roeddwn wedi cau fy nghlustiau,
neu dyna a gredwn.
Ar fy ngwaethaf cydiodd y geiriau ynof,
ac nid yn unig gofyn y cwestiynau mawr
ond darparu'r atebion hefyd.
Ei hoffi neu beidio,
roedd synnwyr yn ei ddysgeidiaeth,
ac aeth i galon y mater.
Yn groes i'r argraffiadau cyntaf
nid oedd yn gwadu'r gorffennol ond yn ei gyflawni,
a dangos fel yr oedd yr hyn *a fu'n*
arwain at yr hyn *a fydd.*
Rhoddodd ystyr newydd i'r gyfraith a'r proffwydi,
ac yn wir i fywyd ei hunan.

Datguddiodd bwrpas y cyfan
a'r ffordd ymlaen.
Fel y dywedais:
'Yn union fel pe bai'n Dduw ei hunan.'
Chwerthinllyd, mi wn,
ond mae'n gwneud i chi feddwl on'd yw e!

Gweddi
Duw ein Tad,
Darllenwn am Iesu fel un yn cyflawni'r gyfraith a'r proffwydi,
yn gwireddu'r hen air,
ond adroddwn y geiriau heb ddeall eu hystyr.
Wrth ddarllen ac astudio'r Ysgrythurau,
ac wrth i ni eu gwrando,
dysg ni i'w hystyried yng ngoleuni Crist.
Dysg i ni fesur y cyfan yng ngoleuni ei gariad,
ei dosturi,
ei drugaredd,
a'i barodrwydd i dderbyn pawb.
Gwared ni rhag caethiwed dogma, athrawiaeth a thraddodiad,
rhag i ni addoli geiriau ar dudalen
yn hytrach na'th Fab,
yr Arglwydd byw a Brenin y Brenhinoedd.
Trwyddo ef,
cynorthwya ni i glywed dy lais,
adnabod dy bresenoldeb
a gwybod dy ewyllys.
Amen.

Darpar Ddilynwr i Iesu Grist

Mathew 7:21–29

"Pob un felly sy'n gwrando ar y geiriau hyn o'r eiddof ac yn eu gwneud, fe'i cyffelybir i un call, a adeiladodd ei dŷ ar y graig. Disgynnodd y glaw a daeth y llifogydd, a chwythodd y gwyntoedd a tharo yn erbyn y tŷ hwnnw, ond ni syrthiodd, am ei fod wedi ei sylfaenu ar y graig." (Mathew 7:24–25)

Myfyrdod
Rwyf wedi gwneud yr hyn a ofynnodd, do?
Rwyf wedi gwrando ar ei eiriau,
ystyriais ei ddysgeidiaeth,
ac oedd, roedd yn iawn:
mae popeth a ddywed yn gywir.
Cafodd ei anfon gan Dduw, does dim amheuaeth am hynny:
y Meseia,
yr Arglwydd,
Gwaredwr y byd.
Rwy'n cydnabod hynny i gyd,
ac yn cyffesu ei fod heb os nac oni bai yn haeddu ein mawl
yn fwy na neb.
Mae hynny'n ddigon, does bosib –
ymateb digonol i sicrhau,
pan fydd y gwyntoedd yn chwythu,
a'r glaw yn disgyn,
a'r llifogydd yn cyrraedd,
y byddaf yn sefyll yn gadarn
yn wyneb y stormydd garwaf?
Beth ddywedoch chi?
Rhywbeth ar goll?
Gweithredoedd yn ogystal â geiriau?
Ydych chi'n dweud nad yw ffydd yn ddigon?
Dyna biti,
byddai pethau'n gymaint haws.
Ond chi sy'n iawn, wrth gwrs;
fel y dywedodd Iesu ei hun,

ni allwch gael un heb y llall,
dwy ochr yr un geiniog.
Rhaid i mi weithredu yn ogystal â chlywed,
gwneud yn ogystal â *dweud.*
Arglwydd, helpa fi i adeiladu'n ddoeth,
i ymateb â'r galon yn ogystal â'r pen.
Helpa fi nid yn unig i dderbyn y gwirionedd
ond i sylfaenu fy mywyd arno.

Gweddi
O! Dduw nerthol,
rho i ni wir ffydd,
fywiol,
ymroddgar,
yn llosgi ynom.
Cynorthwya ni i gredu ynot fel yr Un,
yng Nghrist,
sydd yn ein caru fel yr ydym,
ac yn dy drugaredd a'th ras
yn cynnig i ni faddeuant er nad ydym yn ei haeddu.
Cynorthwya ni hefyd i roi ein ffydd ar waith,
ac i ddangos ein hymroddiad mewn gair a gweithred –
drwy ddangos tosturi,
haelioni,
amynedd
a daioni tuag at eraill.
Rho i ni ffydd a fydd yn ei hamlygu ei hunan ym mhwy ydym
ac yn yr hyn ydym,
wedi ei meithrin gan dy gariad
a'i dangos yn dy wasanaeth.
Amen.

Casglwr Trethi

Mathew 9:9–13, 18–26

Ac yr oedd wrth bryd bwyd yn ei dŷ, a dyma lawer o gasglwyr trethi ac o
bechaduriaid yn dod ac yn cydfwyta gyda Iesu a'i ddisgyblion. A phan
welodd y Phariseaid, dywedasant wrth ei ddisgyblion, "Pam y mae eich
athro yn bwyta gyda chasglwyr trethi a phechaduriaid?" Clywodd Iesu, a
dywedodd, "Nid ar y cryfion ond ar y cleifion y mae angen meddyg. Ond
ewch a dysgwch beth yw ystyr hyn, 'Trugaredd a ddymunaf, nid aberth'.
Oherwydd i alw pechaduriaid, nid rhai cyfiawn, yr wyf fi wedi dod."
(Mathew 9:10–13)

Myfyrdod
Dylech fod wedi gweld eu hwynebau!
Cywilydd ddywedoch chi?
Does neb yn gwneud peth felly,
yn cymysgu gyda gwehilion fel ni,
ac yn arbennig proffwyd, athro neu beth bynnag ydoedd;
roedd y cyfan yn anghredadwy.
Eto ni phetrusodd
cyn ein croesawu â breichiau agored.
Dydw i ddim yn awgrymu ei fod yn cymeradwyo,
peidiwch â meddwl hynny –
nid oedd, fwy na hwy, yn cyfiawnhau ein beiau –
ond rhoddodd werth arnom fel pobl,
roedd ei gariad yn ddiamod
heb fod yn ddibynnol ar newid,
ond yn rhad
ac am ddim.
Gwelodd ni fel yr oeddem,
ac er hynny fe'n carodd,
gan roi ymdeimlad o ddechrau newydd i ni.
Dechrau o'r dechrau.
Gydag ef roedd hynny'n bosibl –
ac eisoes yn digwydd
wrth i ni gredu ynddo.

Cafodd y Phariseaid fraw,
a fedra i ddim dweud fy mod yn eu beio,
ond dyma'r peth,
gwelsom ni ein beiau,
ond wnaethon nhw ddim gweld eu beiau eu hunain.
Nid fod gan Iesu fwy o amser i ni nag iddynt hwy
er ei fod yn swnio felly.
Y drafferth yw nad ydynt mor gyfiawn ag y carent hwy feddwl,
hunangyfiawn ydyn nhw,
a hyd nes y dônt i weld y gwahaniaeth
does dim gobaith iddynt weld eu hangen,
heb sôn am droi at Iesu i gael eu diwallu.

Gweddi

Cadw ni, Arglwydd, rhag hunangyfiawnder,
rhag ffydd ynom ein hunain yn hytrach na thi,
yn ein hargyhoeddiadau a'n mympwyon ein hunain
yn hytrach nag yn ffordd dy gariad.
Cynorthwya ni i adnabod ein beiau ein hunain
a rhinweddau eraill –
ein gwendidau ni a'u cryfderau hwy –
ac i sylweddoli ein bod yn syrthio'n fyr,
a bod pawb yn ddibynnol ar dy ras.
Atgoffa ni nad ein lle ni yw condemnio.
Dysg i ni agor ein calonnau i ti
ac i bawb.
Amen.

Ioan yr Apostol

Mathew 10

"Pwy bynnag sy'n derbyn proffwyd am ei fod yn broffwyd, fe gaiff wobr proffwyd, a phwy bynnag sy'n derbyn un cyfiawn am ei fod yn un cyfiawn, fe gaiff wobr un cyfiawn. A phwy bynnag a rydd gymaint â chwpanaid o ddŵr oer i un o'r rhai bychain hyn am ei fod yn ddisgybl, yn wir, rwy'n dweud wrthych, ni chyll ei wobr."
(Mathew 10:41–42)

Myfyrdod

Cymerodd dipyn o amser i mi ei ddeall,
hynny yw, deall goblygiadau llawn ei eiriau.
Tybiais ar y dechrau ei fod yn siarad amdanom ni
a'r modd y byddai pobl yn ymateb i'n pregethu;
ei wrthod yn bendant
neu ein trin yn garedig,
a derbyn y neges.
Dyna yr oedd yn ei olygu, wrth gwrs –
yn rhannol –
a diolch fod rhai,
er mai dyrnaid oeddent,
wedi ymateb fel yr oeddem wedi gobeithio,
ond yr oedd pwynt ei neges yn mynd yn llawer iawn pellach,
yn ymestyn atoch chi, fi, a phawb.
Roedd yn galw arnom i fyfyrio ar ystyr bod yn ddisgybl,
beth oedd ystyr ei garu a'i wasanaethu,
ac roedd y naill a'r llall yn golygu llawer mwy nag a feddyliem,
oherwydd, nid digon ei anrhydeddu'n unig –
dyna'n wir y rhan hawsaf o'r cyfan.
Rhaid i ni adnabod ei bresenoldeb o fewn eraill,
hyd yn oed y rhai sy'n ein haflonyddu
drwy ofyn cwestiynau y byddai'n well gennym beidio â'u hwynebu
a chyflwyno heriau nad oeddem wedi eu hystyried.
Dyna fu'n rhaid i ni fel apostolion ymgodymu â hwynt
wedi atgyfodiad ac esgyniad Iesu,

oherwydd yn sydyn nid ni oedd yr unig rai oedd yn gweithio dros ei
deyrnas
na'r pwysicaf o bell.
Roedd eraill –
pregethwyr,
arweinwyr,
athrawon –
nifer gynyddol yn cludo'r newyddion da tu hwnt i Jwdea
a hyd eithafoedd y ddaear.
A thra bo hynny'n achos llawenydd
esgorodd ar densiynau hefyd,
hyd yn oed casineb, wrth i ni ddadlau am natur a gallu'r efengyl.
Cafwyd syniadau gwahanol,
lleisiau gwahanol,
pawb ohonynt yn mynnu sylw,
ac felly y mae Iesu'n dewis ein cyfarfod o bryd i'w gilydd –
drwy'r rhai o'n cwmpas –
ac wrth ymateb iddynt *hwy* byddwn yn ymateb iddo *ef* ...
er da neu er drwg.
Dydych chi ddim yn hoffi hynny?
Efallai nad ydych,
ond meddyliwch amdano,
oherwydd efallai, yn yr achos hwn, ei fod yn siarad â chi
drwof i.

Gweddi

Arglwydd bywyd,
gwna ni'n ymwybodol o'r ffordd yr wyt yn siarad –
nid drwy'r Ysgrythur a gweddi'n unig,
nid yn unig drwy arweinwyr ac athrawon crefyddol,
ond drwy leisiau eraill,
hyd yn oed pan fyddant yn aflonyddu arnom,
yn herio ein safbwyntiau,
yn cwestiynu ein doethineb
ac yn tanseilio'r hyn a gymerwyd yn ganiataol gennym.
Llefara wrthym o'r newydd yn dy ffordd dy hun,
a helpa ni i wrando.
Amen.

Iago

Mathew 13:1–9, 18–23

"Ac wrth iddo hau, syrthiodd peth had ar hyd y llwybr, a daeth yr adar a'i fwyta. Syrthiodd peth arall ar leoedd creigiog, lle ni chafodd fawr o bridd, a thyfodd yn gyflym am nad oedd iddo ddyfnder daear. Ond wedi i'r haul godi fe'i llosgwyd, ac am nad oedd iddo wreiddyn fe wywodd. Syrthiodd hadau eraill ymhlith y drain, a thyfodd y drain a'u tagu. A syrthiodd eraill ar dir da a ffrwytho, peth ganwaith cymaint, a pheth drigain, a pheth ddeg ar hugain." (Mathew 13:4–8)

Myfyrdod
Peth ar y llwybr?
Ar leoedd creigiog?
Ymhlith y drain?
Pe bawn i'n ffarmwr nid fel'na y byddwn i'n hau.
Byddwn yn fwy gofalus,
a pharatoi'r tir i ddechrau
cyn gwasgaru cymaint ag y medrwn ar dir ffrwythlon
er mwyn sicrhau cynhaeaf da.
Ond gyda phobl mae'n wahanol,
ac yr oedd Iesu'n deall hynny.
Gallwch hau had ei air gyda phob gofal,
ond ni allwch warantu derbyniad;
does dim sicrwydd y caiff ddyfnder daear,
a thyfu'n gryf,
neu dagu dan ormes temtasiynau.
Gall ddwyn ffrwyth yn y mwyaf annhebygol,
tra bod eraill mwy addawol yn parhau'n ddiffaith,
heb unrhyw eglurhad am hynny o gwbl.
Felly peidiwch â chymryd yn ganiataol y gwnaiff yr had ddwyn ffrwyth ynoch chi,
a pheidiwch ag anobeithio chwaith am eraill
drwy gymryd na ddaw unrhyw ymateb ganddynt.
Heuwch yr had yn eraill,
gyda chymorth Duw meithrinwch yr had ynoch chi –
a gadewch y cynhaeaf iddo Ef.

Gweddi
O Dduw,
Pwysleisiwn bwysigrwydd cenhadaeth,
tystio i ti a chyhoeddi dy ddaioni,
ond bodlonwn ar siarad yn unig
heb ystyried gweithredu.
Defnyddiwn bob esgus dros beidio â gwneud dim
a mynnu cadw'r hen gannwyll dan lestr.
Tueddwn i anghofio bod popeth yn bosibl i ti,
a barnwn bawb a phopeth wrth ein llinyn mesur ein hunain.
Cymorth ni,
yn syml,
yn onest
ac yn ffyddlon,
i hau had dy air,
gan gadw'r ffydd yn wyneb amgylchiadau anaddawol.
Eiddot ti yw'r cynhaeaf.
Amen.

Un o Wrandawyr Iesu

Mathew 13:24–30, 36–43

Cyflwynodd Iesu ddameg arall iddynt: "Y mae teyrnas nefoedd yn debyg i ddyn a heuodd had da yn ei faes. Ond pan oedd pawb yn cysgu, daeth ei elyn a hau efrau ymysg yr ŷd a mynd ymaith. Pan eginodd y cnwd a dwyn ffrwyth, yna ymddangosodd yr efrau hefyd." (Mathew 13:24–26)

Myfyrdod
Siaradodd am wahanu'r ŷd oddi wrth yr efrau,
am gynaeafu'r naill a gwaredu'r llall,
fel petai modd gwahaniaethu rhyngddynt.
Ac wrth gwrs, fe ellir,
ond beth am y da a'r drwg,
y derbyniol a'r annerbyniol –
a oes modd gwahaniaethu rhwng y rhain?
O! oes mae yna wahaniaeth,
gwahaniaeth anferthol,
ond beth sy'n eich disgrifio chi orau?
Onid oes tipyn o'r ddau ym mhob un ohonom?
Yn sicr mae'n wir amdanaf i,
gweithredoedd teilwng un funud yn cael eu difetha gan yr annheilwng yn y nesaf.
Felly, pan ddaw'r farn,
ble byddwn ni tybed:
yn gynhyrchiol
neu'n ddiffaith?
Nid yw'n hawdd o bell ffordd,
ac ni fwriadodd Iesu iddi fod felly,
oherwydd dywed fod y da a'r drwg sydd ynom yn cyd-dyfu –
ochr yn ochr â'r had da a heuir yn ein calonnau
y mae had a heuir gan demtasiwn,
a'r ddau'n cystadlu'n frwd.
Felly y mae bywyd,
felly y bu hi,
ond rhyw ddiwrnod, meddai, fe newidia;

daw terfyn ar bob gwrthwynebiad i'w deyrnas.
Tan hynny, rhaid meithrin y da gorau gallwn,
yn ddiolchgar am ei drugaredd nawr
ac yn ymddiried yn ei ras ar gyfer eto.

Gweddi
Duw trugarog,
ein bwriad yw dy wasanaethu,
ond crwydrwn mor aml;
bwriadwn wneud daioni,
ond fe gyflawnwn ddrygioni;
ymdrechwn gerdded ffordd Crist,
ond ildiwn i'n tueddiadau ein hunain.
Cymer y gronyn ffydd sydd ynom,
hadau gwir ymroddiad,
a meithrin hwynt â'th gariad
fel y tyfant yn gryf a chadarn
er gwaethaf pob rhwystr.
Drwy gymorth dy ras,
boed i'r daioni a blannwyd
fygu'r efrau a dyfodd ynom
a rhoi i ni gynhaeaf toreithiog.
Amen.

Martha, chwaer Mair

Mathew 13:31–33, 44–52

Llefarodd ddameg arall wrthynt: "Y mae teyrnas nefoedd yn debyg i lefain;
y mae gwraig yn ei gymryd, ac yn ei gymysgu â thri mesur o flawd
gwenith, nes lefeinio'r cwbl." (Mathew 13:33)

Myfyrdod
Gallwn uniaethu fy hun â'r ddameg honno,
oherwydd pobais fara fy hun yn bur aml,
ac mae'n rhyfeddol gweld y gwahaniaeth
a wnaiff ychydig lefain i dorth.
Hynny,
a hynny'n unig,
sy'n achosi iddi godi.
Byddaf yn gwneud bara croyw hefyd, wrth gwrs,
a'i fwyta yng ngwledd y Pasg:
i'n hatgoffa o'r modd y dihangodd ein pobl o gaethiwed
i geisio Gwlad yr Addewid –
dim amser am lefain,
dim amser i ddim.
Mae'n ymddangos i mi fod Iesu'n gwneud cymhariaeth yma
rhwng y deyrnas honno a'i deyrnas ei hun,
oherwydd mae teyrnas nefoedd yma yn ein plith,
yn helaethu o ddydd i ddydd.
Does dim brys i'w chwblhau,
a dianc rhag y bywyd hwn.
Dyma realiti y mae'n rhaid wrth ein cymorth ni i'w chodi,
a gweithredu fel lefain i hybu'r tyfiant.
Daw, fe ddaw ei chyflawniad mewn lle arall ac amser arall,
ond os mai o bell yn unig y gwelwn ni hi,
ni welwn mohoni o gwbl,
oherwydd mae'n dibynnu ar gariad,
gwasanaeth,
ymroddiad,
tosturi,

yma, heddiw, ar y ddaear.
Aeth yr hen heibio,
mae'r newydd yma,
mae ei gariad wedi'n rhyddhau.

Gweddi
Duw'r Brenin,
er ein bod yn edrych ymlaen am nef newydd a daear newydd,
teyrnas sydd eto i ddod,
gwared ni rhag troi ein cefn ar y presennol,
ar y byd o'n cwmpas,
a'i ystyried yn ddibwys.
Gwared ni rhag golchi'n dwylo o'n cyfrifoldebau
cymdeithasol ac amgylcheddol;
o garu cymydog, yn bell ac agos;
o weithredu'n ffydd yn ein bywyd pob dydd;
o dystio i'th gariad mewn gair a gweithred.
Dysg i ni sylweddoli os ydym i fynd i mewn i'th deyrnas,
rhaid ymdrechu'n ddyddiol i'w dwyn yn nes,
ar y ddaear fel yn y nef.
Amen.

Andreas

Mathew 14:13–21

Fel yr oedd yn nosi daeth ei ddisgyblion ato a dweud, "Y mae'r lle yma'n unig ac y mae hi eisoes yn hwyr. Gollwng y tyrfaoedd, iddynt fynd i'r pentrefi i brynu bwyd iddynt eu hunain." Meddai Iesu wrthynt, "Nid oes rhaid iddynt fynd ymaith. Rhowch chwi rywbeth i'w fwyta iddynt." Meddent hwy wrtho, "Nid oes gennym yma ond pum torth a dau bysgodyn." (Mathew 14:15–17)

Myfyrdod
Roedd ar y bobl eisiau bwyd
ac roedd hi'n mynd yn hwyr,
felly'n naturiol roeddem yn bryderus,
ac yn arbennig felly am fod plant ymhlith y dorf.
Er eu mwyn hwy'n bennaf
roeddem yn teimlo ei bod yn hen bryd iddynt droi am adref.
Chi'n iawn, roedd eisiau bwyd arnom ninnau hefyd,
ond, a ninnau wedi cefnu ar bopeth i ddilyn Iesu,
roeddem wedi hen arfer gwneud y gorau ohoni.
Nid felly llawer iawn ymhlith y dorf
a dyma'i annog yn dawel i dynnu pethau i fwcwl.
Yn nodweddiadol ohono, roedd ganddo syrpreis ar ein cyfer.
'Does dim angen eu gwasgaru,' meddai,
'Bwydwch *chi* nhw!'
Wel, roeddem wedi'n syfrdanu.
Sut ar wyneb daear yr oedd modd paratoi bwyd
yno ymhell o bobman?
I ddeuddeg efallai,
ond roedd tyrfaoedd i'w bwydo,
pum mil o leiaf ddywedwn i.
Roeddem wir yn credu ei fod yn tynnu'n coesau,
ond na,
a bu'n rhaid troi at y dorf i geisio cymorth,
a rhywsut, er mai dim ond ychydig dorthau a physgod oedd ar gael rhyngddynt,
cafwyd y bwyd –

nid ychydig,
ond digon i fwydo pawb
gyda basgedeidiau yn weddill.
Dysgwyd gwers i ni'r diwrnod hwnnw
ynglŷn â'r hyn y gall Duw ei wneud
pe bai gennym ffydd,
ond gwelsom hefyd beth y gallem *ni* ei wneud
pe byddem yn barod i rannu.
Pe bai pawb yn dilyn ffordd Iesu,
rhoi eraill yn gyntaf a hunan yn ail,
gallem fwydo'r anghenus eto,
heddiw, yfory, trennydd a thradwy,
oherwydd mae digon i bawb,
ar gyfer ein holl anghenion.
Rhaid peidio â gadael y cyfan i Dduw, er hynny –
nid felly mae pethau'n gweithio.
Mewn byd lle mae miloedd yn newynu,
a phlant yn marw'n ddyddiol o brinder bara,
deil Iesu i'n hysgwyd a'n herio,
'Bwydwch chi nhw!'

Gweddi

Duw pawb,
anodd deall weithiau pam dy fod yn caniatáu'r fath galedi –
pam caniatáu chwalfa cymaint o fywydau
drwy afiechyd,
drwy dlodi
a phoen –
ond anghofiwn fod yr atebion i'r holl gwestiynau
yn gorwedd gyda ni.
Cyfaddefwn ein diffyg ewyllys
a'n cyndynrwydd i weithio er mwyn sicrhau newid.
Dysg i ni gofio mai dy ewyllys di yw dwyn
cysur, gobaith a chyfiawnder
i bawb sydd mewn angen,
a chymorth ni i wneud ein rhan yn y weinidogaeth honno,
a pheidio â gadael pethau i ti y gallem ni eu cyflawni ein hunain.
Amen.

Paul

Mathew 20:15

"Onid yw'n gyfreithlon imi wneud fel rwy'n dewis â'm heiddo fy hun?
Neu ai cenfigen yw dy ymateb i'm haelioni?" (Mathew 20:15)

Myfyrdod

A oedd fy nghyd-Apostolion yn genfigennus ohonof?
Oeddent, mwy na thebyg, ar y dechrau.
A bod yn onest, pwy allai eu beio,
oherwydd roeddent wedi cerdded a siarad gydag Iesu
cyn i mi glywed yr enw,
gweithio dros ei deyrnas a minnau'n gwneud fy ngorau i geisio'i dinistrio.
Hwyrddyfodiad oeddwn i,
rhyw grachfonheddwr,
y lleiaf ohonynt i gyd ym mhob ystyr,
ac eto galwodd Iesu fi i ffydd a gwasanaeth,
etifeddiaeth ymhlith y saint.
Nid oeddwn yn ei haeddu,
doedd dim a ddywedais nac a wneuthum
yn haeddu'r fath ffafr.
Yn syml, gras oedd wrth wraidd y cyfan,
cariad yn llifo drosof.
Ond mae hynny'n wir am bawb,
oherwydd drwy ffydd ac nid drwy weithredoedd y cawsom ein hachub,
drwy'r hyn a wnaeth *ef* drosom ni
yn hytrach na'r hyn a wnaethom ni drosto ef.
Anghofiwn hynny'n rhy aml o lawer,
a throi'r efengyl yn fater
o ufudd-dod a gwobr,
yn fargen fach dwt;
dim ond i ni fod yn ffyddlon i Dduw
bydd yntau'n ffyddlon i ni.
Ond does dim efengyl fanna,
dim neges o obaith –
i'r gwrthwyneb,

oherwydd nid awn yn bell ar haeddiant.
Peidiwch felly â phryderu am ymwneud Duw ag eraill,
a yw mor deg ag y carech chi iddo fod:
ei fusnes ef a neb arall yw hynny.
Cofiwch iddo ddelio'n garedig â chi,
mwy o lawer na'ch haeddiant,
a gadewch i hynny fod yn fwy na digon.

Gweddi
Er i ni siarad am dy ras, Arglwydd,
dy bardwn anhaeddiannol,
nid ydym yn credu ynddo mewn gwirionedd.
Cawn ein denu'n reddfol at y gred o lygad am lygad
a dant am ddant.
Mae'r syniad o faddau i ddrwgweithredwr
yn mynd yn groes i'r graen,
ac yn gwrth-ddweud unrhyw syniad o gyfiawnder naturiol.
Eto anghofiwn, yng nghyd-destun ein perthynas â thi,
ein bod i gyd yn syrthio'n fyr,
nad oes yr un ohonom yn ddi-fai,
heb sôn am haeddu dy drugaredd.
Maddau ein parodrwydd i gondemnio,
a'n harafwch i faddau,
a dysg i ni adael barn lle dylai fod:
gyda thi.
Amen.

Archoffeiriad

Mathew 21:23–32

"Ond beth yw eich barn chwi ar hyn? Yr oedd dyn a chanddo ddau fab.
Aeth at y cyntaf a dweud, 'Fy mab, dos heddiw a gweithia yn y winllan.'
Atebodd yntau, 'Na wnaf'; ond yn ddiweddarach newidiodd ei feddwl a
mynd. Yna fe aeth y tad at y mab arall a gofyn yr un modd. Atebodd
hwnnw, 'Fe af fi, syr'; ond nid aeth. Prun o'r ddau a gyflawnodd ewyllys y
tad?" "Y cyntaf," meddent. Dywedodd Iesu wrthynt, "Yn wir, rwy'n
dweud wrthych fod y casglwyr trethi a'r puteiniaid yn mynd i mewn i
deyrnas Dduw o'ch blaen chwi." (Mathew 21:28–31)

Myfyrdod
Dyna i chi wyneb!
Dyna i chi hyfdra!
Ein cymharu ni â chasglwyr trethi
a phuteiniaid,
ac yna awgrymu mai *ni* oedd y gwaethaf –
gwarthus!
Ydi e'n sylweddoli pwy ydym ni:
archoffeiriaid,
henaduriaid,
gwarchodwyr y gyfraith?
Ond mae e'n gwybod,
dyna'r drafferth,
sy'n gwneud pethau'n anos i'w derbyn.
Yn wir, mae'n credu fod ganddo'r hawl i sefyll yno
a dweud wrthym ni beth mae Duw yn ei feddwl,
fel petai *ef* yn awdurdod yn y pethau hyn,
a *ninnau'n* anwybodus.
Wfft i'n blynyddoedd o astudio ac oriau o weddïo,
ein gwybodaeth o'r gorchmynion a'n sêl grefyddol –
y tipyn neb yma o Nasareth ŵyr orau!
Dewch nawr, o ddifrif!
A beth am ei honiad ein bod yn amleiriog
ac yn brin ein gweithredoedd;

fod gwehilion cymdeithas yn deall beth yw ymateb i Dduw
mewn ffordd nad ydym ni wedi dechrau ei hamgyffred –
glywsoch chi'r fath beth,
y fath ddwli?
Pobl fel hwn sy'n creu trafferth,
nid yn unig i ni ond i grefydd yn gyffredinol.
Mae'n gyfrwys iawn, rwy'n cyfaddef,
yn chwarae i'r dorf fel y gwnaeth y Bedyddiwr o'i flaen,
ond mae'r un dynged yn ei ddisgwyl.
Dyna hanes y giwed yma i gyd.
Gadewch iddo raffu ei storïau –
ni fydd yn chwerthin yn y diwedd –
oherwydd mi ddyweda i rywbeth wrthych chi,
pe bai wir yn gwybod ewyllys y Tad,
byddai'n rhaid iddo fod yn debyg i un o'r cymeriadau yn ei ddameg:
Mab Duw –
a fyddai ef, hyd yn oed, ddim yn golygu hynny...
does bosib!

Gweddi
Duw ein Tad,
hoffwn gredu i ni ymateb i ti,
i ni glywed dy alwad ac ymroi i'th wasanaeth,
ond nid yw hynny'n golygu dim ar hyn o bryd.
Cynorthwya ni i ddeall, er i ni addo ein teyrngarwch unwaith,
nad yw'n dilyn ein bod yn parhau'n ffyddlon i ti.
Dysg ni i'n cyflwyno ein hunain o'r newydd bob dydd
a cheisio sicrhau fod ein hymroddiad mor real nawr
ag yr oedd ar ddechrau ein taith.
Trwy dy ras cymorth ni i orffen yr hyn a ddechreuwyd gennym,
ac, os bydd rhaid,
dechrau o'r dechrau.
Amen.

Henadur

Mathew 21:33–46

Dywedodd Iesu wrthynt, "Onid ydych erioed wedi darllen yn yr
Ysgrythurau: 'Y maen a wrthododd yr adeiladwyr, hwn a ddaeth yn faen y
gongl; gan yr Arglwydd y gwnaethpwyd hyn, ac y mae'n rhyfeddol yn ein
golwg ni'? Am hynny rwy'n dweud wrthych y cymerir teyrnas Dduw oddi
wrthych chwi, ac fe'i rhoddir i genedl sy'n dwyn ei ffrwythau hi. A'r sawl
sy'n syrthio ar y maen hwn, fe'i dryllir; pwy bynnag y syrth y maen arno,
fe'i maluria." Pan glywodd y prif offeiriaid a'r Phariseaid ei ddamhegion,
gwyddent mai amdanynt hwy yr oedd yn sôn. Yr oeddent yn ceisio ei ddal,
ond yr oedd arnynt ofn y tyrfaoedd, am eu bod hwy yn ei gyfrif ef yn
broffwyd. (Mathew 21:42–46)

Myfyrdod
Arhoswch funud bach,
mae hyn wedi mynd yn rhy bell,
rhy bell o lawer!
Y dyn Iesu 'ma,
yr un sy'n corddi'r tyrfaoedd,
mae'n credu, wir, mai ef yw Mab Duw!
Afresymol, rwy'n cytuno,
ond clywais y peth o'i enau ef ei hun,
fel rhan o stori wirion a adroddodd,
ac unwaith eto mae'n honni mai ni yw'r bwganod,
er i ni wneud mwy na neb i chwifio baner y ffydd.
Do, fe gyfaddawdwyd –
roedd yn rhaid seboni Rhufain –
ond roedd y manteision yn gorbwyso'r gost:
teml newydd yn un peth,
a dyma fe nawr yn mynnu'r clod iddo'i hun am hynny,
yn honni mai ef yw'r prif gonglfaen,
a ninnau i bob golwg yn cyfrif am ddim.
Nid bod y dyn yn anghwrtais
a sarhaus,
ond mae'n euog o gabledd

a rhaid iddo dalu'r pris.
Mae'n wir y bydd yn rhoi hygrededd i'w ddameg –
a byddwn am osgoi hynny petai'n bosibl –
ond anghofiodd un peth,
a yw'n wir yn credu pan fyddai Duw yn anfon ei Fab
y byddai'n caniatáu i rywun ei gyffwrdd â blaen ei fys,
heb sôn am ei ladd mewn gwaed oer?
Dyna'r man gwan!
A chredwch fi, fe gawn ni Iesu ryw ffordd neu'i gilydd.
Nid nawr, efallai,
nid pan fydd y tyrfaoedd yn dal i ddilyn,
ond rhowch chi amser i bethau,
ac fe gawn ni Iesu.
Yna fe welwn pwy ydyw mewn gwirionedd,
oherwydd fel mae pobl yn dweud:
y gwir a saif.

Gweddi
Duw'r Brenin,
mae'n ffolineb i rai,
yn faen tramgwydd i eraill,
ond i ni y mae neges Crist wedi ei groeshoelio
yn newyddion da am dy gariad, dy nerth, dy ddoethineb a'th ras.
Cymorth ni i weld buddugoliaeth yn y groes yn hytrach na methiant,
nid casineb ond cariad,
nid tywyllwch ond goleuni,
nid diwedd ond dechrau,
i ni ac i bawb.
Dysg i ni weld
yn ei fyw a'i farw yn ein plith
dy law ar waith yn cyflawni dy bwrpas,
ac yn y ffydd honno
boed i ni fyw, symud a bod.
Amen.

Gwrandawr ar Ddameg y Wledd

Mathew 22:1–14

"Y mae llawer, yn wir, wedi eu gwahodd, ond ychydig wedi eu hethol."
(Mathew 22:14)

Myfyrdod
Mae'r hen ddameg yna yn fy mhoeni i,
ynglŷn â llawer yn cael eu galw ac ychydig yn cael eu dewis,
oherwydd ble rydw i:
yn gyntaf neu'n olaf?
Dydw i ddim yn siwr ai addewid sydd yma neu fygythiad,
cysur neu rybudd.
Un funud mae pawb wedi derbyn gwahoddiad i wledd,
yn dda neu'n ddrwg,
a'r funud nesaf mae rhyw greadur bach yn cael ei daflu i dywyllwch
am beidio â gwisgo'n briodol.
Beth yw ystyr hyn?
Ai *fi* sydd ganddo mewn golwg?
Mi wn gymaint â hyn,
fod Duw wedi galw ac rwyf innau'n dymuno ymateb;
a bydd ei bobl ymhen amser yn cael gwledd yn ei deyrnas,
a charwn fod yn eu plith.
Ond a wna i basio'r prawf neu fy nghael yn brin?
Arhoswch! Rwyf wedi'i gweld hi!
Nid ymddangos ar gyfer y wledd yn unig yw'r gofyn,
ond rhannu yn yr achlysur mewn gwirionedd;
bod yn yr ysbryd priodol,
yn ymateb mewn corff, meddwl ac ysbryd.
Dilyn y dorf a wnaeth y dyn a gariwyd i ffwrdd,
heb syniad i ble'r oedd yn mynd na pham.
A phan yw hi'n dod at Dduw, ni ellir gwneud hynny,
copïo'r hyn y mae eraill yn ei wneud;
rhaid i *chi* ddewis
a dangos hynny yn eich bywyd *chi*.
Mae am i chi wisgo'r hyn y mae ef yn ei ddarparu –

gwisg cyfiawnder i fodloni'r llygaid;
ceisio'r hyn sy'n wir, yn gyfiawn, yn bur ac yn dderbyniol,
a meddwl bob amser am y pethau hyn.
Gwnewch bob ymdrech i feddiannu'r rhain,
a gallwch fod yn sicr
y byddwch yn eiddo iddo *ef,*
wedi'ch croesawu wrth ei fwrdd –
nid yn unig wedi'ch galw
ond wedi'ch dewis.

Gweddi

Diolch, Arglwydd, am ein gwahodd i flasu dy gariad
a derbyn dy drugaredd.
Diolch am baratoi bwrdd i ni yn nhŷ dy Dad
lle cawn ryw ddiwrnod eistedd a rhannu gyda thi
i dragwyddoldeb.
Cymorth ni i ymateb,
a manteisio ar y cyfle,
drwy ddangos ein hawydd i ddathlu yn dy gwmni.
Cymorth ni i ymateb, nid am fod eraill yn gwneud,
neu oherwydd mai dyma a ddisgwylir gennym,
ond drwy dderbyn yn llawen yr hyn sydd gennyt ar ein cyfer.
Dysg i ni sylweddoli,
pan fyddwn ni'n dewis,
y byddi dithau hefyd yn dewis.
Amen.

Un a safodd gerllaw yn gwrando
wrth i'r Phariseaid geisio rhwydo Iesu

Mathew 22:15–22

ac meddai ef wrthynt, "Llun ac arysgrif pwy sydd yma?" Dywedasant wrtho, "Cesar." Yna meddai ef wrthynt, "Talwch felly bethau Cesar i Gesar, a phethau Duw i Dduw." Pan glywsant hyn rhyfeddasant, a gadawsant ef a mynd ymaith. (Mathew 22:20–22)

Myfyrdod
Roedden nhw'n credu eu bod wedi eu dal, y diawliaid dauwynebog,
ond doedd yr hen wên slei yna'n twyllo neb,
yn enwedig Iesu.
Roeddent yn chwilio am waed,
ac yn gobeithio bod yn fleiddiaid,
ond yn hytrach na throi cefn mae'n troi'r byrddau,
gan eu gadael yn fud wrth iddo lithro'n ddeheuig o'u magl.
'Talwch i'r ymerawdwr yr hyn sy'n eiddo'r ymerawdwr,
ac eiddo Duw i Dduw.'
Neis iawn!
Dyna dynnu'r gwynt o'u hwyliau,
sy'n egluro, efallai, iddynt golli'r hyn
oedd yn fy mlino i'n syth:
sut y gallwn i 'nabod y gwahaniaeth?
Mae'n ddigon hawdd cyfeirio at wyneb ar ddarn arian,
ond a yw hynny'n ateb y cwestiwn?
Dydw i ddim yn meddwl hynny,
neu o leiaf ddim mor glir ag y carwn.
Wedi'r cyfan dydy'r ateb i gymhlethdodau bywyd
fyth mor rhwydd â hynny.
Dydy pethau fel arfer ddim yn ddu a gwyn.
'Beth sy'n eiddo Duw?' –
dyna ddylen nhw fod wedi'i ofyn,
ond doedden nhw ddim yn siŵr eu hunain
ac roedd arnynt ofn torri twll dyfnach iddynt eu hunain.
Beth am Iesu?

A oedd *e'n* gwybod?
Neu a oedd yn ceisio dweud nad oes rheolau pendant
wedi'u naddu ar lechen;
y gall yr hyn sy'n iawn mewn un sefyllfa fod yn anghywir mewn sefyllfa
arall –
ac nad yw'r gorchmynion, hyd yn oed, yn eithriadau?
Awgrymodd hynny droeon
gan sôn am orchymyn newydd lle mae cariad yn dehongli'r cyfan,
ac os yw hynny'n wir –
os mai cariad yn unig mae Duw yn ei geisio –
yna nid ateb *clyfar* yn unig oedd ateb Iesu
ond yr *unig* ateb y gallai ei roi.

Gweddi

Arglwydd Dduw,
mae gennym gyfrifoldebau tuag at ein hanwyliaid yn y bywyd hwn,
i'n cyflogwyr,
i'n llywodraeth,
ac i'r byd i gyd.
Mae deddfau i'w cadw,
dyletswyddau i'w cyflawni,
gofal i'w ddangos,
ac mae galw arnom i wneud ein rhan gorau gallwn.
Ond y mae gennym gyfrifoldebau tuag atat ti hefyd –
gwŷs i wasanaethu,
galwad i dystio,
her i gerdded llwybr Crist;
mewn gair, ufuddhau i'r ddau orchymyn
i'th garu di a charu'n gilydd.
Cymorth ni, felly, i fyw'n ddoeth yn y byd
a hefyd yn ffyddlon wrth geisio dy deyrnas;
i roi o'n gorau i ti ac i eraill,
drwy dy ras ac er dy ogoniant.
Amen.

Y Cyfreithiwr a Holodd Iesu

Mathew 22:34–46

Ac i roi prawf arno, gofynnodd un ohonynt, ac yntau'n athro'r Gyfraith, "Athro, pa orchymyn yw'r mwyaf yn y Gyfraith?" Dywedodd Iesu wrtho, "'Câr yr Arglwydd dy Dduw â'th holl galon ac â'th holl enaid ac â'th holl feddwl.' Dyma'r gorchymyn cyntaf a'r pwysicaf. Ac y mae'r ail yn debyg iddo: 'Câr dy gymydog fel ti dy hun.' Ar y ddau orchymyn hyn y mae'r holl Gyfraith a'r proffwydi yn dibynnu." (Mathew 22:35–40)

Myfyrdod

Glastwreiddio, dim byd llai!
Y syniad y gellir cywasgu cyfraith Duw
i ddau orchymyn a sylfaenwyd ar un gair bach:
cariad.
O, mae'n swnio'n dda rwy'n cyfaddef,
yn wych ar bapur,
ond, yn ymarferol, beth yw ei ystyr
mewn byd creulon a dioddefus?
Rhaid wrth reolau i osod y terfynau,
canllawiau pendant ar ddu a gwyn;
oni bai am hynny sut y gallwn ni wybod
beth sy'n dderbyniol ac yn annerbyniol,
a beth mae Duw yn ei ddisgwyl gennym?
Rhowch fodfedd i bobl ac fe gymerant lathen,
felly y gwelais i bethau,
a chredwch fi, roeddwn yn gwybod:
wedi'r cyfan rwy'n gyfreithiwr.
Felly anwybyddais yr hyn a ddywedodd Iesu,
a'i ddiystyru fel ffwlbri llwyr.
Fe ddysga ryw ddiwrnod, meddyliais.
Rhowch amser iddo ac fel wêl ei gamgymeriad
pan fydd pobl yn troi arno.
Ac roeddwn yn iawn, wrth gwrs –
oherwydd ymhen dim, taflwyd cariad yn ôl yn ei wyneb
gan ei adael i grogi ar groes.

Er hynny, dywedaf un peth:
gwelais bobl yn newid yn llwyr o'i herwydd ef,
hyd yn oed y rhai gwaethaf;
gwelais rai yr anobeithiwyd amdanynt yn dechrau o'r newydd,
bywydau a faluriwyd wedi eu cyfannu;
gwelais droseddwyr mileinig nid yn unig yn cael eu diwygio
ond eu hadnewyddu'n gyfan gwbl,
eu trawsnewid oddi mewn.
A all unrhyw beth arall wneud hynny?
Dim hyd y gwn i,
dim, hyd yn oed ein cyfraith,
dim ond cariad,
felly mae'n bosib mai Iesu oedd yn iawn,
ac nad glastwreiddio y mae e' wedi'r cyfan.

Gweddi

Dywedaist wrthym, Arglwydd, y gellir egluro'r gyfraith mewn un gair:
cariad.
Mae'n swnio'n hawdd –
dy garu di,
a charu'n gilydd –
ond pan geisiwn ni wneud hynny,
dydy hi ddim mor hawdd wedi'r cyfan,
oherwydd cawn ein gorfodi i wynebu'r cwestiwn allweddol:
beth yw ffordd cariad?
Cawn ein gorfodi i ystyried pob achos yn ei gyd-destun,
a sylweddolwn nad peth arwynebol mohono fel y myn rhai;
mae cariad yn hawlio mwy nag unrhyw orchymyn arall.
Ond er ei fod yn gostus,
mae'n talu'n ôl ar ei ganfed –
mae'n iacháu, yn cyfoethogi, yn ysbrydoli,
yn adnewyddu mewn ffordd wahanol i bopeth arall.
Estyn atom, felly,
cyffwrdd â'n bywyd,
fel y gall dy gariad lifo trwom at eraill,
er dy ogoniant.
Amen.

Claf o'r Parlys

Marc 2:1–12

"Prun sydd hawsaf, ai dweud wrth y claf, 'Maddeuwyd dy bechodau', ai ynteu dweud, 'Cod, a chymer dy fatras a cherdda'? Ond er mwyn i chwi wybod fod gan Fab y Dyn awdurdod i faddau pechodau ar y ddaear"– meddai wrth y claf, "Dyma fi'n dweud wrthyt, cod, a chymer dy fatras a dos adref." A chododd y dyn, cymryd ei fatras ar ei union a mynd allan yn eu gŵydd hwy oll, nes bod pawb yn synnu ac yn gogoneddu Duw gan ddweud, "Ni welsom erioed y fath beth." (Marc 2:9–12)

Myfyrdod
'Maddeuwyd dy bechodau,' meddai,
fel pe bai fy nghyflwr,
fy anallu i gerdded,
yn fai arna i;
canlyniad fy ngwrthryfel yn erbyn Duw.
A oedd yn credu hynny?
Na,
ond roeddwn *i*
fel y gwyddai yntau yn dda.
Dyna oedd pobl yn ei gredu,
sef bod dioddefaint yn gosb gan Dduw,
ac euthum innau drwy fywyd yn fy meio fy hun,
yn ychwanegu at fy ngofid,
yn gwbl argyhoeddedig y dylwn dderbyn y cyfan
yn ddigwestiwn ac mai dyma'r peth lleiaf y dylwn ei ddisgwyl.
Dyma wedi'r cyfan fy haeddiant.
Ond nid felly y gwelai Iesu hi,
fel y dangosodd ei eiriau a'i weithredoedd yn glir.
Rydym *bawb* yn syrthio'n fyr,
pawb ohonom,
yn iach neu'n afiach,
'run ohonom yn fwy haeddiannol na'r gweddill.
Nid gwaith Duw oedd y parlys hwn;
yn hytrach roedd yn dyheu am fy rhyddhau,

44

a thrwy Iesu fe wnaeth hynny,
gan fy iacháu nid yn unig yn gorfforol,
ond yn feddyliol ac yn ysbrydol.
Dydy pawb ddim mor ffodus, wrth gwrs,
ac am resymau sydd y tu hwnt i mi
maent yn ceisio cymorth yn ofer.
Os yw hynny'n wir amdanoch chi,
beth bynnag arall a wnewch,
peidiwch â'ch beio eich hunan na Duw,
oherwydd er i chi ymdrechu i ddeall
a meddwl i'r gwrthwyneb,
ei ddymuniad *ef* fel eich dymuniad *chwithau*
yw eich gweld yn iach.

Gweddi

O Dduw byw,
byddwn yn poeni am ein cyflwr corfforol –
beth a fwytawn,
sut mae cadw'n heini,
a chadw ein hunain yn ddianaf –
ond ni fyddwn mor ofalus
o'n cyflwr meddyliol ac ysbrydol.
Atgoffa ni fod corff, meddwl ac ysbryd yn ddibynnol ar ei gilydd,
ac os yw un yn dioddef mae'r gweddill yn dioddef.
Symud o'n mewn, felly,
a rho i ni o'r cyflawnder bywyd hwnnw
sydd i'w gael ynot ti yn unig,
drwy Iesu Grist ein Harglwydd.
Amen.

Mair Mam Iesu

Marc 3:20–35

Daeth i'r tŷ; a dyma'r dyrfa'n ymgasglu unwaith eto, nes eu bod yn methu cymryd pryd o fwyd hyd yn oed. A phan glywodd ei deulu, aethant allan i'w atal ef, oherwydd dweud yr oeddent, "Y mae wedi colli arno'i hun." A daeth ei fam ef a'i frodyr, a chan sefyll y tu allan anfonasant ato i'w alw. Yr oedd tyrfa'n eistedd o'i amgylch, ac meddent wrtho, "Dacw dy fam a'th frodyr a'th chwiorydd y tu allan yn dy geisio." Atebodd hwy, "Pwy yw fy mam i a'm brodyr?" A chan edrych ar y rhai oedd yn eistedd yn gylch o'i gwmpas, dywedodd, "Dyma fy mam a'm brodyr i. Pwy bynnag sy'n gwneud ewyllys Duw, y mae hwnnw'n frawd i mi, ac yn chwaer, ac yn fam." (Marc 3:20–21, 31–35)

Myfyrdod
A oedd ei ymateb yn peri gofid i ni,
iddo ein hanwybyddu ni a ffafrio'r dyrfa?
Dim o gwbl.
Roedd cywilydd arnom a dweud y gwir,
oherwydd dylem fod wedi gwybod yn well
na rhoi pwysau arno fel y gwnaethom.
Wyddoch chi i ni geisio ei rwystro? –
ac awgrymu iddo arafu rhag tarfu ar neb –
"Y mae wedi colli arno'i hun."
Fe'i syfrdanwyd, rwy'n credu,
gan ei awdurdod heriol dros y Phariseaid
yn dehongli'r Gyfraith,
a'i osod ei hun yn athro, a chanddo ei ddisgyblion ei hun.
Ond, wrth gwrs, doedd dim angen hynny,
oherwydd i hynny y galwyd ef gan Dduw
ac i'r diben hwnnw y daeth i'r byd,
a phetaen nhw wedi gwrando, byddent wedi deall hynny.
Sut gallen ni boeni mwy am yr hyn yr oeddent *hwy* yn ei feddwl?
Ond yn ein ffolineb,
fe wnaethom.
Wnaeth y dyrfa ddim er hynny –

y rhai a safai o'i gwmpas pan gyrhaeddodd.
Roeddent hwy yn bachu ar bob gair,
ac yn ymgolli'n llwyr yn ei eiriau,
rhyfeddod llond eu gwedd.
Pa wahaniaeth beth ddywedai eraill –
iddynt hwy roedd ef yn un arbennig,
yn gwneud Duw yn hysbys mewn ffordd na wnaeth neb o'i flaen.
Iawn, mae'n debyg bod gwaed yn dewach na dur,
ond y foment honno, y *nhw* oedd yn bod yn deulu iddo
ac nid *ni,*
oherwydd roedden nhw'n anrhydeddu'r Tad,
yn cyflawni ei ewyllys.
Dyna mae'n ei ddymuno gennym ni –
gennych chi,
gennyf i,
gan bawb.
Dyna mae'n ei olygu i fod yn bobl iddo ef:
i garu a gwasanaethu Duw.
Anghofiais hynny am eiliad,
a derbyniais gerydd haeddiannol.
Boed iddo fy nghadw rhag gwneud yr un camgymeriad eto.

Gweddi

Arglwydd Iesu Grist,
diolch i ti am fod yn ffyddlon i ni ar waetha'r gost,
am gerdded llwybr cariad,
er ei fod hefyd yn llwybr y groes.
Cadw ninnau yn ffyddlon i ti,
er gwaethaf yr hyn a ddywed eraill amdanat.
Boed i ni ddangos ein ffyddlondeb drwy anrhydeddu'r Tad,
a cheisio cyflawni ei ewyllys.
Dangos i ni mai'r ffordd i wneud hynny
yw drwy fod yn un â thi,
ac wedi ein galluogi drwy dy ras i ddilyn yn ôl dy draed
gorau gallwn.
Amen.

Yr Apostol Ioan

Marc 4:35–41

Ac fe ddeffrôdd a cheryddu'r gwynt a dweud wrth y môr, "Bydd ddistaw! Bydd dawel!" Gostegodd y gwynt, a bu tawelwch mawr. A dywedodd wrthynt, "Pam y mae arnoch ofn? Sut yr ydych heb ffydd o hyd?" Daeth ofn dirfawr arnynt, ac meddent wrth ei gilydd, "Pwy ynteu yw hwn? Y mae hyd yn oed y gwynt a'r môr yn ufuddhau iddo." (Marc 4:39–41)

Myfyrdod
Roedd arswyd arnom;
a dweud yn blaen, roeddem wedi cael llond bol o ofn,
oherwydd cryfhaodd y gwynt a'r tonnau wrth y funud,
gan daflu ein cwch o gwmpas fel tegan.
A fyddem wedi goroesi?
Dydw i ddim yn meddwl,
oherwydd fedrem ni ddim cadw'r dŵr allan,
dim ond mater o amser fyddai hi cyn i'r cwch suddo.
Beth oedd Iesu yn ei wneud, meddech chi?
Wel, credwch neu beidio, roedd yn cysgu!
Rwy'n *gwybod*, mae'n swnio'n wallgof,
ac os ydych *chi*'n synnu, beth amdanom *ni?*
Roedden ni'n gyfarwydd â'r môr, cofiwch,
ac yn bysgotwyr o fri,
ond roedd y storm yma'n anghyffredin,
cynddrwg ag unrhyw beth a brofwyd yn y gorffennol.
Eto, tra roeddem ni yn ein panig,
cysgai Iesu'n dawel yn starn y cwch,
fel petaem ni ar fordaith fach dawel,
a'i wyneb mor llonydd ag wyneb babi.
Hyd yn oed wedi ei ddihuno doedd dim arwydd o ofn –
dim ond rhyw serenedd a oedd bron yn afreal a dweud y gwir,
a'r eiliad nesaf gostegodd y storm,
fel petai 'run storm wedi bod.
Rhyddhad, meddech chi,
felly wir maes o law,

ond mi ddyweda i un peth:
am amser wedi hyn roedd mwy o ofn arnom nag erioed,
nid ofn y môr ond ei ofn *ef,*
oherwydd pwy neu beth a roddodd yr awdurdod hwn iddo?
Gwelsom ef yn maddau pechodau,
iacháu'r cleifion,
adfer y rhai briwedig,
ond yma, nid newid pobl yn unig a wnâi
ond y byd ei hunan;
roedd hyd yn oed y gwynt a'r môr yn ufuddhau iddo.
Roedd yn gymeriad rhyfeddol, gwyddem hynny eisoes,
ond dechreuom sylweddoli ei fod yn llawer mwy na hynny,
oherwydd rwy'n mentro dweud
na allai dyn cyffredin wneud yr hyn a wnaeth ef –
dim ond Duw!

Gweddi
Arglwydd Iesu Grist,
gostega'r stormydd yn ein bywydau –
stormydd ofn a phryder,
argyfyngau personol,
trafferthion a thrychinebau.
Gostega'r stormydd yn ein byd –
stormydd anghyfiawnder ac anoddefgarwch,
trychinebau naturiol a'r rhai a achoswyd gan bobl,
casineb, tywallt gwaed a rhyfel.
Yn dy nerth, estyn dy law lle bynnag mae bywyd yn helbulus,
a thawela'r tonnau,
gan ddwyn heddwch gwir a pharhaol,
a gorffwys i'n heneidiau.
Amen.

Jairus

Marc 5:21–43

Tra oedd ef yn llefaru, daeth rhywrai o dŷ arweinydd y synagog a dweud, "Y mae dy ferch wedi marw; pam yr wyt yn poeni'r Athro bellach?" Ond anwybyddodd Iesu y neges, a dywedodd wrth arweinydd y synagog, "Paid ag ofni, dim ond credu."
(Marc 5:35–36)

Myfyrdod
Roeddent yn meddwl amdana i
yn ogystal ag ef,
rhag ofn i mi godi fy ngobeithion
a chael fy siomi.
Euthum allan y diwrnod hwnnw yn gobeithio'r gorau,
gan gredu, os gallai rhywun helpu fy merch,
Iesu oedd hwnnw –
felly dychmygwch fy llawenydd pan gytunodd i ddod gyda mi,
a'm rhwystredigaeth pan dynnwyd ei sylw
gan y wraig honno'n cyffwrdd ag ymyl ei wisg,
ac yna fy anobaith pan ddaeth y newydd am farwolaeth fy merch.
Roedd hi'n rhy hwyr bellach,
rhy hwyr i ddim byd –
doedd dim mwy y gallai neb ei wneud mwyach.
O leiaf, dyna'r dybiaeth,
nes i Iesu ddod beth bynnag
a brasgamu i mewn i'r tŷ,
anfon y galarwyr i'r naill ochr,
a gorchymyn yn dawel, 'Ferch fach, cod!'
Ac yn rhyfeddol, fe *wnaeth*,
allwch chi gredu'r fath beth!
Ar amrantiad yr oedd ar ei thraed ac yn rhedeg o gwmpas,
fel petai dim wedi digwydd.
Concrodd farwolaeth ei hunan,
daeth fy merch yn ôl yn fyw,
a llanwyd ni â diolchgarwch, rhyddhad a llawenydd.

Maen nhw'n dweud ei fod yn addo'r un peth i bawb:
y gallwn ni godi eto.
A yw hynny'n wir, tybed?
A ellir concro'r gelyn olaf?
Dydw i ddim yn gwybod sut y gallai Iesu, hyd yn oed, wneud hynny,
ond does dim angen i mi wybod,
oherwydd gwelais fy merch yn codi,
ac mae hynny'n ddigon da i mi.
'Paid ag ofni,' meddai,
'dim ond credu.'
Ac er gwaethaf fy amheuon,
a llawer o gwestiynau heb eu hateb,
Arglwydd, rwyf *yn* credu.

Gweddi

Duw grasol,
dywedaist wrthym am gredu yn hytrach nag ofni,
ymddiried, beth bynnag a ddaw,
mewn bywyd ac mewn angau.
Rydym yn ceisio credu,
yn dymuno credu,
ond mae'n frwydr weithiau,
gan fod cymaint yn y byd sy'n herio'n ffydd
ac yn gwadu pwrpas dy gariad.
Gwyddom nad yw pob problem yn cael ei datrys yn ôl ein dymuniad,
ni ddaw iachâd bob amser;
gall trychineb ein taro'n ddirybudd
a daw marwolaeth yn y diwedd i bawb.
Dysg i ni sylweddoli, er nad yw credu ynot ti yn ein cadw
rhag trafferthion bywyd,
ac nad oes sicrwydd o lwybr didrafferth,
y byddi di gyda ni, doed a ddelo,
i'n nerthu, ein cysuro, ein cynnal a'n cadw.
Helpa ni i gredu yn dy nerth i drawsnewid
yn awr a hyd byth.
Amen.

Un o Chwiorydd Iesu

Marc 6:1–13

Aeth oddi yno a daeth i fro ei febyd, a'i ddisgyblion yn ei ganlyn. A phan ddaeth y Saboth dechreuodd ddysgu yn y synagog. Yr oedd llawer yn synnu wrth wrando, ac meddent, "O ble y cafodd hwn y pethau hyn? A beth yw'r ddoethineb a roed i hwn, a'r fath weithredoedd nerthol sy'n cael eu gwneud trwyddo ef? Onid hwn yw'r saer, mab Mair a brawd Iago a Joses a Jwdas a Simon? Ac onid yw ei chwiorydd yma gyda ni?" Yr oedd ef yn peri tramgwydd iddynt. (Marc 6:1–3)

Myfyrdod
Fedra i ddim dechrau dweud pa mor falch yr oeddem!
Gweld Iesu'n sefyll yno yn ein synagog
yn dysgu gyda'r fath awdurdod –
dyna i chi olygfa.
Ond doedd pawb ddim yn cytuno.
Fe *fyddent*, rwy'n siŵr o hynny,
pe byddent wedi gwrando,
ond roedd eu meddyliau wedi eu cau i bopeth a ddywedai.
Pam?
Oherwydd iddynt gredu eu bod yn ei adnabod.
Oherwydd mai Iesu ydoedd,
y llencyn a dyfodd yn eu plith,
y bachgen a chwaraeodd yn y stryd ac a helpodd yng ngweithdy ei dad,
yr un a gerddodd, a chwarddodd ac a lefodd gyda nhw dros y blynyddoedd.
Ac ie, er na ddywedwyd hynny,
dyma'r bachgen, flynyddoedd yn ôl,
a anwyd dan gwmwl,
gan achosi llawer iawn o sylw a chleber.
Gwyddom bopeth amdanat ti foi bach, meddylient,
felly dyma nhw'n troi eu cefnau.
A fyddem ni'n wahanol, pe byddai'r esgid ar y droed arall,
ac Iesu'n frawd iddynt *hwy* ac nid i ni?
Hoffem gredu hynny,
ond dydw i ddim mor siŵr,

oherwydd, gwaetha'r modd, cynefindra a fag ddirmyg.
Dyna ddigwyddodd yn ei dref ei hun –
ac am iddynt beidio â gwrando ni allent glywed.
Peidiwch â gadael i hynny fod yn wir amdanoch chi.
Peidiwch â meddwl eich bod yn gwybod y cyfan.
Cofiwch os nad ydych yn agored ni allwch dderbyn.
Mae mor glir a syml â hynny.

Gweddi
O Dduw,
ni ddylai ddigwydd,
ond y mae'n digwydd.
Mae'r hyn a fu unwaith yn achos rhyfeddod i ni,
bellach yn ein gadael yn oer.
Awn heibio heb feddwl ddwywaith am yr hyn a ddaeth
â llawenydd i'n calon,
a mawl i'n gwefusau:
mae'r golygfeydd a'n cyfareddodd –
yr enfys,
y gerddoriaeth,
y synau –
mor gyfarwydd i ni bellach fel nad ydynt
yn cael unrhyw effaith arnom,
ac mae'n bywydau oherwydd hynny'n llawer tlotach.
Mae hynny'n wir, yn fwy felly, yn ein perthynas â thi,
a daeth ein cynefindra rhyngom a thi –
diflannodd y wefr,
y diolchgarwch a'r addoliad.
Maddau i ni,
a helpa ni i glywed y cyfan eto o'r newydd,
a phrofi gwyrth dy ras yn ein bywydau
mewn ffordd na theimlom erioed o'r blaen.
Pa le bynnag yr ydym ar bererindod bywyd,
caniatâ i'r hen, hen stori fod yn newydd o hyd.
Amen.

Herod

Marc 6:14–29

Clywodd y Brenin Herod am hyn, oherwydd yr oedd enw Iesu wedi dod yn hysbys. Yr oedd pobl yn dweud, "Ioan Fedyddiwr sydd wedi ei godi oddi wrth y meirw, a dyna pam y mae'r gweithredoedd nerthol ar waith ynddo ef." Yr oedd eraill yn dweud, "Elias ydyw"; ac eraill wedyn, "Proffwyd yw, fel un o'r proffwydi gynt." Ond pan glywodd Herod, dywedodd, "Ioan, yr un y torrais i ei ben, sydd wedi ei gyfodi."
(Marc 6:14–16)

Myfyrdod
Pwy yw'r dyn Iesu 'ma?
Pa fath o ddyn yw ef?
Mae pawb yn siarad amdano,
ond does neb yn cytuno pwy yw ef.
Dywed rhai ei fod yn broffwyd,
eraill, Elias,
ond fe'm trawodd i heddiw y gallai fod yn rhywun arall:
fy hen elyn, Ioan y bedyddiwr.
Ond, does bosib,
wedi'r cyfan fe ddienyddiais hwnnw –
a chael ei ben ar blât o'm blaen i –
a chredwch fi, does dim yn fwy marw na hynny!
Ond allai o fod wedi dod nôl yn fyw –
dychwelyd i darfu arnaf,
ac i geisio dial?
Rwy'n dechrau meddwl hynny.
Ac mae gen i ryw deimlad ym mêr fy esgyrn y gallwn fod yn iawn,
oherwydd er i mi ei ofni a theimlo dicter tuag ato,
gwyddwn hefyd mai dyn Duw ydoedd,
yn llefaru'r gwirionedd.
Doeddwn i ddim yn dymuno ei ladd.
Fy ngwraig sicrhaodd fod hynny'n digwydd,
gan fy nenu drwy ei merch felltigedig i roi taw arno.
A nawr, mae'n ymddangos y bydd yn rhaid i mi dalu am hynny...

54

Dyna ddigon!
Callia ddyn!
Dydy'r meirw ddim yn codi,
amhosibl!
Na, un arall uchel ei gloch o Galilea yw'r Iesu yma,
penboethyn crefyddol a'i fryd ar gyffroi'r dyrfa.
Wel, iawn felly, ddyweda i.
Fel Ioan, rhof derfyn ar hwn hefyd os bydd rhaid,
unwaith ac am byth –
oni bai, wrth gwrs, fod hwn yn wir yn medru concro'r bedd.
Fedra i ddim gweld hynny rywsut.
Fedrwch chi?

Gweddi
Arglwydd Iesu Grist,
ceisiwn osgoi dy gwestiynau treiddgar,
oherwydd eu bod yn tarfu arnom,
a byddai'n well gennym beidio â'u hwynebu.
Ymdrechwn i dawelu dy lais,
rhoi taw ar dy gwestiynau,
ond er i ni geisio
nid ydym wedi llwyddo.
Ni all dim roi taw arnat ti.
Dysg i ni eto na allwn ddianc oddi wrthyt,
oherwydd ni ddaw tangnefedd heb i ni wynebu dy her.
Helpa ni, felly, i fod yn onest â'n hunain,
drwy fod yn onest â thi,
ac felly canfod y tawelwch meddwl hwnnw a geisiwn.
Amen.

Philip

Ioan 6:1–21

Yna cymerodd Iesu y torthau, ac wedi diolch fe'u rhannodd i'r rhai oedd
yn eistedd. Gwnaeth yr un peth hefyd â'r pysgod, gan roi i bob un faint a
fynnai. A phan oeddent wedi cael digon, meddai wrth ei ddisgyblion,
"Casglwch y tameidiau sy'n weddill, rhag i ddim fynd yn wastraff." Fe'u
casglasant, felly, a llenwi deuddeg basged â'r tameidiau yr oedd y
bwytawyr wedi eu gadael yn weddill o'r pum torth haidd.
(Ioan 6:11–13)

Myfyrdod

Roedd yn syfrdanol, mae hynny'n sicr,
tyrfa fawr yn cael eu bwydo gan bum torth ac ychydig bysgod,
ond pam fod Iesu wedi gwneud hyn?
Ai er mwyn creu argraff ar y dorf,
a'u hargyhoeddi gyda gwyrth lachar?
Neu, ai gweithred o dosturi ydoedd,
a'r pryder fod y bwyd yn brin yn ofid iddo?
Dydw i ddim yn credu mai'r cyntaf yw'r ateb,
oherwydd ni cheisiodd boblogrwydd erioed;
yn wir, os rhywbeth, dyn yr encilion ydoedd.
Dydw i ddim yn meddwl mai'r ail yw'r ateb chwaith –
yr oedd mwy i'r peth na hynny.
Chi'n gweld, nid er eu mwyn eu hunain y cyflawnwyd
y gweithredoedd rhyfeddol,
ond roeddent yn cyfeirio bob amser at rywbeth dyfnach –
yn llefaru'n syml ond yn arbennig iawn
am bwy oedd ef,
pam y daeth ef,
a'r hyn y dymunai ei gyflawni –
ond doedd y rhyfeddod hwn ddim yn eithriad.
Dymunai i ni wybod os ydym yn newynu am bethau Duw
y cawn ein llenwi;
mai ynddo ef y mae'r ateb i'n hanghenion dyfnaf.
Dyma'r un neges ag o'r blaen:

peidiwch â phryderu am yr hyn a fwytewch,
yr hyn a yfwch,
pa beth a wisgwch,
ond ceisiwch yn gyntaf ei deyrnas a'i gyfiawnder,
a'r holl bethau hyn a roddir i chwi yn ogystal.
Eto nid dyna'r cyfan,
oherwydd, credwch neu beidio,
pan gasglwyd y briwsion yn ddiweddarach,
llanwyd deuddeg o fasgedi,
digon mewn gwirionedd i'n bwydo yr eilwaith!
Wrth rannu cawn fod gennym fwy ac nid llai yn weddill,
a gall ychydig yn llaw Duw gyflawni pethau mawr.
Beth bynnag fo'ch angen,
beth bynnag fo'r her,
cofiwch hyn:
mae Duw yn darparu.

Gweddi

Duw hollalluog,
beth bynnag a wynebwn yn ein bywyd,
dysg i ni beidio ag edrych ar faint y broblem
ond yn hytrach ar yr adnoddau sydd ar gael i ni;
nid y rhwystrau
ond y cyfleon;
nid ein gwendid
ond dy nerth di.
Atgoffa ni y galli di gyflawni gwyrthiau
gyda defnydd anaddawol,
gan ddefnyddio ein hychydig ffydd
a'i defnyddio mewn ffyrdd y tu hwnt i'n disgwyliadau.
Dysg i ni wedyn ymddiried ynot ti,
ac ymroi yn dy wasanaeth,
gan wybod, er mor anwadal ydym,
ac er mor annigonol ydym
y byddi di yn darparu ar gyfer ein hanghenion,
gan roi i ni fwy na digon.
Amen.

Un o'r Dyrfa

Ioan 6:35, 41–51

Yna dechreuodd yr Iddewon rwgnach amdano oherwydd iddo ddweud,
"Myfi yw'r bara a ddisgynnodd o'r nef." "Onid hwn," meddent, "yw Iesu
fab Joseff? Yr ydym ni'n adnabod ei dad a'i fam. Sut y gall ef ddweud yn
awr, 'Yr wyf wedi disgyn o'r nef'?" (Ioan 6:41–42)

Myfyrdod

Am beth mae hwn yn rwdlan?
A yw wedi colli arni'n llwyr?
Mae'n union yr un fath â chi a fi,
yn byw ac yn anadlu,
yn gig a gwaed,
felly beth yw'r dwli yma am ddod i lawr o'r nefoedd
ac am fod yn fara bywiol?
Mae hynny nid yn unig yn wiriondeb ond yn gableddus,
oherwydd mae'n amlwg at beth mae'n cyfeirio –
y modd y bu i Dduw ganrifoedd yn ôl anfon manna o'r nefoedd
yn faeth yn yr anialwch
ac yn gynhaliaeth mewn angen.
Does bosib nad ydych wedi sylwi ar beth mae'n ei awgrymu:
fod ein bywyd rhywsut yn ddiffaith,
ac mai ef yn unig all ein helpu.
Ond mae'n ddrwg gen i, rydym ni'n gwybod yn wahanol.
Mab Joseff ydyw,
nid Duw.
Rydym yn 'nabod ei deulu,
ei gartref,
ei orffennol,
ei bresennol.
Ac oni bai fod y dwyfol Fod yn ddynol hefyd,
y Gair yn gnawd,
does ganddo ddim troed i sefyll arni.
Mae'n biti a dweud y gwir,
oherwydd mae'n foi iawn –

yn meddwl yn dda, yn siarad llawer o synnwyr
ac wedi cyflawni llawer o ddaioni –
ond pan yw'n dechrau ar y stwff ysbrydol yma,
yn siarad am wir fara,
ei gorff,
y rhodd o fywyd,
dydw i ddim yn deall.
Ydw i'n colli rhywbeth?

Gweddi
O Frenin y Brenhinoedd,
diolch i ti nad wyt yn bell oddi wrthym,
ond yn hytrach, wedi rhannu'n dynoliaeth yng Nghrist,
rwyt ti gyda ni nawr,
bob eiliad o bob dydd, drwy dy Ysbryd.
Diolchwn y gallwn dy weld bob dydd –
drwy gymdeithas dy bobl,
yn y byd o'n cwmpas,
ac yn amgylchiadau a digwyddiadau bywyd pob dydd.
Dysg i ni edrych o dan yr wyneb bob amser,
tu hwnt i'r hyn a wyddom ac a ddeallwn,
er mwyn gweld dy bresenoldeb yn y cyffredin a'r cyfarwydd.
Atgoffa ni fod y nefoedd, drwy Iesu Grist, wedi cyffwrdd â'r ddaear;
daeth y dwyfol yn ddynol,
a chaewyd y bwlch rhyngom.
Amen.

Un Arall o'r Dyrfa

Ioan 6:51–58

"Myfi yw'r bara bywiol hwn a ddisgynnodd o'r nef. Caiff pwy bynnag sy'n bwyta o'r bara hwn fyw am byth. A'r bara sydd gennyf fi i'w roi yw fy nghnawd; a'i roi a wnaf dros fywyd y byd." Yna dechreuodd yr Iddewon ddadlau'n daer â'i gilydd, gan ddweud, "Sut y gall hwn roi ei gnawd i ni i'w fwyta?" Felly dywedodd Iesu wrthynt, "Yn wir, yn wir, rwy'n dweud wrthych, oni fwytewch gnawd Mab y Dyn ac yfed ei waed, ni bydd gennych fywyd ynoch. Y mae gan y sawl sy'n bwyta fy nghnawd i ac yn yfed fy ngwaed i fywyd tragwyddol, a byddaf fi'n ei atgyfodi yn y dydd olaf. Oherwydd fy nghnawd i yw'r gwir fwyd, a'm gwaed i yw'r wir ddiod. Y mae'r sawl sy'n bwyta fy nghnawd i ac yn yfed fy ngwaed i yn aros ynof fi, a minnau ynddo yntau. Y Tad byw a'm hanfonodd i, ac yr wyf fi'n byw oherwydd y Tad; felly'n union bydd y sawl sy'n fy mwyta i yn byw o'm herwydd innau. Dyma'r bara a ddisgynnodd o'r nef. Nid yw hwn fel y bara a fwytaodd yr hynafiaid; buont hwy farw. Caiff y sawl sy'n bwyta'r bara hwn fyw am byth." (Ioan 6:51–58)

Myfyrdod

Mae pethau wedi mynd o ddrwg i waeth!
Nid od yw'r gair
ond afiach,
gwrthun, anllad,
oherwydd mae'n siarad am roi ei gnawd i ni,
a'i gorff yn fara bywiol y mae'n rhaid i bawb ei fwyta.
Pwy mae e'n meddwl ydyn ni?
Canibaliaid!
Nid yn unig ei fod wedi achosi dryswch yn ein plith ond dicter,
wrth i ni drafod ei eiriau.
A fedrwch chi ein beio?
O do, rwyf wedi ceisio gwneud synnwyr ohonynt,
a'u gweld mewn goleuni gwahanol,
ond beth arall allen nhw ei olygu?
Mae ei gefnogwyr yn cael trafferth gyda'r syniad,
a rhai ohonynt yn ochri gyda'i elynion,
a dydy hynny'n ddim syndod,

oherwydd pa berson call na fyddai'n tynnu llinell o dan y fath
ddysgeidiaeth ryfedd?
Mae wedi achosi mwy o ddryswch a gofid na dim o'i flaen.
Rhaid i'r Iesu yma fod yn ofalus, rhag ofn iddo fynd i ddyfroedd dyfnion,
oherwydd mae'r llanw'n troi yn ei erbyn,
a llawer a arferai ei ddilyn yn cefnu arno
ac yn datgan mai digon yw digon.
Ac er bod y Phariseaid wedi cadw'u pellter hyd yn hyn,
rhag achosi terfysg,
unwaith y gwelant y dyrfa'n cefnu
bydd dyddiau Iesu, rwy'n ofni, wedi'u rhifo.
Gwyliwch chi,
fydd 'na ddim trugaredd.
Bydd tywallt gwaed,
torrir ei gorff,
trewir a rhwygir ei gorff.
Onid yw'n gwybod hynny?
Rhaid ei fod, oherwydd nid yw'n ffŵl,
ac eto mae'n dal ati.
Wel, gadawer iddo sôn am roi bywyd i'r byd, os yw'n mynnu;
ond yn y pen draw, ef fydd yn *rhoi* ei fywyd...
a beth ddaw o hynny?

Gweddi

Arglwydd Iesu Grist,
diolch i ti am fodloni i gael dy dorri er mwyn ein gwneud ninnau'n
gyflawn,
am ddioddef angau er mwyn rhoi bywyd i ni.
Diolch i ti am weld ein gwacter,
a chynnig bwyd i'n heneidiau,
am ddeall y newyn sydd ynom
a darparu ar gyfer ein holl anghenion.
Dysg i ni gydnabod dy roddion,
a'r hyn oll yr wyt wedi ei aberthu.
Dysg i ni ryfeddu o'r newydd at faint dy gariad.
Mewn ffydd, boed i ni fwyta o'th fara bywiol,
a chael ein digoni mewn gwirionedd.
Amen.

Pharisead

Marc 7:1–8, 14, 15, 21–28

Gofynnodd y Phariseaid a'r ysgrifenyddion iddo, "Pam nad yw dy
ddisgyblion di'n dilyn traddodiad yr hynafiaid, ond yn bwyta'u bwyd â
dwylo halogedig?" Dywedodd yntau wrthynt, "Da y proffwydodd Eseia
amdanoch chwi ragrithwyr, fel y mae'n ysgrifenedig: 'Y mae'r bobl hyn
yn fy anrhydeddu â'u gwefusau, ond y mae eu calon ymhell oddi wrthyf;
yn ofer y maent yn fy addoli, gan ddysgu gorchmynion dynol fel
athrawiaethau.' Yr ydych yn anwybyddu gorchymyn Duw ac yn glynu
wrth draddodiad dynol." (Marc 7:5–8)

Myfyrdod
'Yr ydych yn anwybyddu gorchymyn Duw,' meddai wrthym,
'ac yn glynu wrth draddodiad dynol.'
Allwch chi gredu hyfdra'r dyn?
Mae'n credu, wir, ei fod yn deall y Gyfraith yn well na ni –
yn well na ni sydd wedi treulio oes
yn treiddio i'r manylion lleiaf,
drwy'r print mân,
gan sicrhau fod popeth a wnawn,
pob gweithred o'n heiddo
yn unol â dymuniad Duw.
A beth mae Iesu yn ein galw am ein holl drafferth?
Rhagrithwyr!
Mae'n anghredadwy!
Mae'n awgrymu, hyd yn oed, fod geiriau Eseia,
sy'n sôn am bobl yn addoli'n ofer,
yn berthnasol i *ni*;
ein bod yn addoli â'n gwefusau yn unig
yn hytrach na'n calonnau.
Wel am ffwlbri!
Beirniadu llygredd mae Eseia,
a phobl a anghofiodd
ac a dorrodd y gorchmynion:
yr union beth y ceisiwn ei barchu.

Nid yn unig fod Iesu'n credu ei fod uwchlaw'r gyfraith,
ond cred mai ef yw ei chyflawniad –
yr un i ddatgloi ei hystyr
a'i gwir fwriad.
Ond mae'n anghofio un peth:
rhoddwyd y Gyfraith i Moses,
ac nid ef a'i *hysgrifennodd.*
Fe'i hestynnwyd i lawr oddi uchod.
Felly sut gall Iesu sefyll yno'n
condemnio traddodiad
ac yntau'n gig a gwaed yr un fath â ni?
Dydy hynny'n gwneud dim synnwyr,
does bosib nad yw'n gweld hynny?
Mae wedi ei ddal yn ei fagl ei hun,
a'i ddysgeidiaeth yn ddim mwy
nag un dehongliad ymhlith eraill
oni bai mod i wedi colli rhywbeth.
Rwy'n gofyn i chi pwy mae'r dyn yma'n feddwl yw e?
Duw?

Gweddi
O Dduw Byw,
Dysg i ni beth yw ystyr dy anrhydeddu,
a beth yw byw fel pobl i ti.
Dysg i ni ddeall nad yr allanolion yr wyt ti'n eu ceisio,
ac nid ufudd-dod i reolau a gorchmynion hyd yn oed,
ond calon sy'n dy garu,
ac ysbryd sy'n dy geisio
a meddwl sy'n dyheu am dy adnabod yn well.
Gwared ni rhag dy addoli â'n gwefusau,
a bod yn bell oddi wrthyt yn ein bywydau.
Ym mhob peth a wnawn,
gwna ni'n agored i'th ewyllys,
ac yn effro i'th arweiniad,
drwy Iesu Grist ein Harglwydd.
Amen.

Y Wraig o Syroffenicia

Marc 7:24–37

Cychwynnodd oddi yno ac aeth ymaith i gyffiniau Tyrus. Aeth i dŷ, ac ni fynnai i neb wybod; ond ni lwyddodd i ymguddio. (Marc 7:24)

Myfyrdod
Druan bach, roedd wedi ymlâdd,
yn emosiynol ac yn gorfforol,
a theimlais yn euog am i mi ei drafferthu,
a gosod mwy o bwysau ar ei ysgwyddau.
Eto, roeddwn ar ben fy nhennyn, rhaid i chi ddeall hynny,
oherwydd roedd fy mhlentyn mewn cyflwr aflonydd,
ac roeddwn yn poeni nid yn unig am ei hiechyd meddwl ond am ei bywyd.
Roedd gwir angen help arnom,
ar frys,
roedd pob llwybr arall wedi methu –
felly er gwaetha'r ffaith mai merch oeddwn
ac yn un o'r Cenhedloedd ar ben hynny,
a disgwyl i mi gadw fy mhellter,
curais ar ddrws y tŷ
ac aros.
Roedd wedi disgwyl cael osgoi unrhyw sylw,
allwch chi gredu hynny?
Er gwaetha'r rhyfeddodau a gyflawnodd –
yr holl iacháu,
a'r llawenydd a roddwyd,
y ffydd a adferwyd,
a'r cariad a ddangoswyd –
meiddiodd gredu y gallai guddio yn y cysgodion,
o'r golwg rhag popeth.
Ai blinder oedd achos hyn?
Neu a oedd yr enwogrwydd yn ei boeni,
wrth i'r tyrfaoedd ymgasglu i syllu a rhyfeddu?
Dwi ddim yn gwybod,
ond gwyddwn hyn:

gallai ef, o bawb, ateb fy ngweddi.
Ac fe wnaeth!
Pan welodd fy angen,
ymatebodd,
drwy gwestiynu fy nghymhellion, mae hynny'n ddigon gwir,
ond gwrthododd droi'i gefn arnaf.
Yn wahanol i eraill,
a mwy na neb arall i mi ei gyfarfod,
roedd ganddo gonsyrn gwirioneddol,
a digon ohono i roi a dal ati i roi.
Roedd wedi ymlâdd
a bron â disgyn,
ac angen amser iddo'i hun.
Ond er bod hynny'n bwysig iddo,
diolch iddo,
a rhyfeddod y rhyfeddodau,
roeddwn *i'n* bwysicach.

Gweddi

Duw Cariad,
atgoffa ni o'r newydd,
pwy bynnag ydym,
beth bynnag a wnaethom,
fod gennyt ti ofal trosom,
a bod pob un ohonom yn arbennig
ac yn werthfawr yn dy olwg.
Dysg ni,
dim ond i ni dy geisio mewn gwirionedd,
fe'th gawn,
ac os down â'n hanghenion ger dy fron
fe *wnei* di ymateb,
nid yn ôl ein disgwyl o angenrheidrwydd,
ond er hynny atebir ein gweddi.
Rho ffydd i ni yn dy bwrpas,
ac ymddiriedaeth yn dy nerth,
yn y sicrwydd, er mai ychydig o'n hamser a roddwn i ti,
dy fod ti'n rhoi'r cyfan trosom ni.
Amen.

Seimon y Selot

Marc 9:30–37

Daethant i Gapernaum, ac wedi cyrraedd y tŷ gofynnodd iddynt, "Beth oeddech chwi'n ei drafod ar y ffordd?" Ond tewi a wnaethant, oherwydd ar y ffordd buont yn dadlau â'i gilydd pwy oedd y mwyaf. (Marc 9:33–34)

Myfyrdod
Oedd rhaid gofyn beth oedd testun ein sgwrs?
Dydw i ddim yn meddwl,
oherwydd gwyddai beth oedd ar ein meddyliau bob amser –
cyn i ni wybod ein hunain a dweud y gwir.
Nid er ei fwyn ei hunan y gofynnodd y cwestiwn
ond er ein mwyn ni –
i'n helpu i'n gweld ein hunain fel yr oeddem,
yn ein holl wendid,
a'n holl feiau.
Arhosodd, cofiwch, nes ein bod y tu ôl i ddrysau caeedig,
am nad oedd yn dymuno ein cywilyddio,
ond roedd cywilydd arnom er hynny,
wrth sefyll yn fud o'i flaen.
Roeddem yn dadlau, chi'n gweld, pwy oedd y mwyaf,
a phawb am y gorau i fod yr uchaf,
ac uchaf yn y byd yr ymestynnem, isaf y suddem,
suddo i waelod y gasgen.
Pam mynnu gwneud hynny?
Pam codi ein hunain ar draul rhoi eraill i lawr,
fel pe bai'n rhaid mesur ein gwerth ar draul eraill?
Dyna ffordd y byd, mae'n debyg,
ond nid dyna ei ffordd *ef,*
fel y cawsom weld yn ddigon sydyn,
oherwydd gosododd eraill yn gyntaf a hunan yn olaf;
roedd y mwyaf un yn ei roi ei hun yn lleiaf un.
Gwelodd y gwaethaf ynom,
a'r gorau,
y drwg,

a'r da,
a'i aberthu ei hun dros bobl fel ni,
a phan ystyriwn y cyfan a wnaeth,
y cyfan a roddodd,
dyma ni, a gredodd gymaint ynom ein hunain,
yn sydyn iawn yn teimlo mor fach.

Gweddi
Duw pob gras,
rhyfeddwn at dy gariad,
oherwydd cydnabyddwn ein bod mor annheilwng ohono –
yn wan,
yn ffôl.
Credwn ormod ynom ein hunain.
Beirniadwn eraill,
condemnio'u beiau,
heb weld ein beiau'n hunain.
Maddau'n balchder,
ein traha,
ein rhagdybiaethau,
a helpa ni i weld fod pawb ohonom yn syrthio'n fyr,
ac yn ddibynnol ar dy ras di,
yn hytrach na'n haeddiant ein hunain.
Dysg ni i dy roi di yn gyntaf,
gan gerdded yn wylaidd yn ôl traed Crist,
a roddodd y cyfan er ein mwyn ni.
Amen.

Yr Apostol Ioan

Marc 9:38–50

Meddai Ioan wrtho, "Athro, gwelsom un yn bwrw allan gythreuliaid yn dy enw di, a buom yn ei wahardd, am nad oedd yn ein dilyn ni." Ond dywedodd Iesu, "Peidiwch â'i wahardd, oherwydd ni all neb sy'n gwneud gwyrth yn fy enw i roi drygair imi yn fuan wedyn. Y sawl nid yw yn ein herbyn, drosom ni y mae." (Marc 9:38–40)

Myfyrdod
Pam ceisio eu rhwystro?
Roeddent yn siarad yn enw Crist, wedi'r cyfan –
yn cyflawni ei waith,
ac yn ymdrechu i ddwyn iachâd i fyd ar chwâl –
felly, pam codi llais,
pam y gwrthryfelodd ein meddyliau?
Carwn ddweud mai gofal am eraill oedd yr achos –
ein bod yn pryderu am y difrod y gallai
eu hymdrechion cyfeiliornus ei achosi –
ond yn y bôn, gwn fod y rheswm yn llawer llai nobl na hynny;
fod ein hanfodlonrwydd yn llefaru mwy amdanom *ni* nag amdanynt hwy.
Roeddem yn genfigennus, i raddau,
ac yn amharod i rannu'r sylw a gawsom,
oherwydd ni oedd y rhai a alwyd
gan Iesu i fod yn ddisgyblion iddo,
a doeddem ni ddim am i neb ymyrryd.
Roeddem yn bryderus hefyd –
yn poeni y byddai'r credinwyr honedig yma'n fwy llwyddiannus na ni,
a'u canlyniadau'n well na'r eiddom ni,
oherwydd, a dweud y gwir, doedd dim llawer y gellid ei ddweud
am ein llwyddiannau ni, hyd yn hyn.
Yn fwy na dim arall,
doeddem ni ddim yn hoff o bobl a fynnai wneud pethau
mewn ffordd wahanol i ni,
yn defnyddio dulliau gwahanol,
a llwybr gwahanol.

Gwelsom hwynt fel bygythiad, nid cyfle,
yn elynion yn hytrach na chyfeillion,
ac felly, yn hytrach na dathlu'r achos oedd yn gyffredin i ni,
fe godwyd rhwystrau,
muriau drwgdybiaeth i'n gwahanu.
Roeddem yn credu, wir, y byddai Iesu yn ein cymeradwyo,
ond, wrth gwrs, ni wnaeth hynny.
Os rhywbeth, roedd yn siomedig,
yn siomedig nad oeddem wedi sylweddoli
fod gwaith ei deyrnas yn fwy na *ni,*
ac yn fwy na neb.
Hawdd iawn yw torri eich cwys eich hunan,
yn argyhoeddedig fod pawb arall yn cyfeiliorni
a chwithau bob amser yn iawn.
Mae'n gysurus gyda phobl debyg i chi eich hunan,
sy'n cadarnhau eich syniadau a'ch agweddau yn hytrach na'u herio.
Ond nid dyna ffordd Crist.
Geilw arnom i ganolbwyntio, nid ar yr hyn sy'n gwahanu,
ond ar yr hyn sy'n uno,
a, lle mae hynny'n bosibl,
cydweithio!

Gweddi
Arglwydd Iesu Grist,
diolch am gymdeithas dy bobl,
pawb a alwyd i weithio a thystio yn dy enw.
Diolch fod gan bawb brofiadau gwahanol o'th gariad,
a gweledigaethau amrywiol o'r hyn ydwyt a phwy ydwyt,
doniau gwahanol i'w hoffrymu i ti.
Gwared ni rhag ystyried popeth gwahanol yn fygythiad,
a rhag caniatáu iddynt greu drwgdybiaeth,
ofn a chasineb.
Gad i ni, yn hytrach, ddathlu ein hamrywiaeth,
gan ddysgu oddi wrth eraill fel y gallant hwy ddysgu gennym ni,
a boed i'n ffydd ni gael ei chyfoethogi,
a'r Eglwys ym mhob man ei chryfhau drwy ein hamrywiaethau,
a'th gariad yn ein clymu'n un.
Amen.

Un a Ddaeth â'r Plant at Iesu

Marc 10:2–16

Yr oeddent yn dod â phlant ato, iddo gyffwrdd â hwy. Ceryddodd y disgyblion hwy, ond pan welodd Iesu hyn aeth yn ddig, a dywedodd wrthynt, "Gadewch i'r plant ddod ataf fi; peidiwch â'u rhwystro, oherwydd i rai fel hwy y mae teyrnas Dduw yn perthyn. Yn wir, rwy'n dweud wrthych, pwy bynnag nad yw'n derbyn teyrnas Dduw yn null plentyn, nid â byth i mewn iddi." (Marc 10:13–15)

Myfyrdod

Cymerodd ein plant yn ei freichiau
a'u croesawu â gwên ar ei wyneb
a chynhesrwydd yn ei lygaid,
ond pe bai wedi dibynnu ar ei ddisgyblion
byddai wedi bod yn amhosibl mynd yn agos ato.
Peidiwch â tharfu arno oedd y neges.
Allwch chi ddim gweld fod y Meistr yn brysur;
fod ganddo bethau gwell i'w wneud â'i amser
na'i wastraffu ar famau'n dotio ar eu glafoeriog?
Ac oni bai am Iesu, byddem wedi mynd adre
yn siomedig,
yn ddig,
ac yn cydnabod mai fel 'na mae.
Ond roedd ef yn ddicach na'r un ohonom,
a cheryddodd ei ddilynwyr fel plant bach,
ac yna trodd at ein plant bychain ni,
yn sylw i gyd,
ac yn rhoi'r argraff nad oedd dim yn y byd
yn bwysicach iddo mwyach.
A wyddoch chi beth? – rwy'n credu fod hynny'n wir.
Roedden nhw'n bwysig *iddo ef*, roedd hynny'n amlwg,
ond credai hefyd eu bod yn bwysig i *Dduw*,
a bod teyrnas nefoedd yn eiddo iddynt.
Cawsom ein syfrdanu gan hynny,
oherwydd cawsom deimlad annifyr mai'r disgyblion oedd yn iawn –

nad peth i blant yw ffydd;
mae'n anodd,
ac yn hawlio cymaint,
yn anodd ei deall.
Dydy hynny ddim yn wir serch hynny,
mae'n rhyfeddol o syml –
ymateb i gariad y mae,
derbyn rhodd,
mwynhau croeso.
Ni sy'n cymhlethu pethau,
nid Duw.
Ni sy'n beichio eraill
a chlymu'n hunain mewn rhyw rwydau,
ac yntau'n dyheu am ein rhyddhau.
Peidiwch â cheisio dadansoddi.
Peidiwch ag ymgolli yn y manylion.
Derbyniwch y deyrnas, meddai, fel plentyn,
neu fe gollwch y cyfle am byth.

Gweddi

Duw grasol,
diolch am ein derbyn i deulu dy bobl –
am ein croesawu, nid fel caethweision neu weision,
ond fel plant i ti,
yn werthfawr gennyt.
Dysg i ni beth yw ystyr hynny,
a helpa ni i gynnal ffydd ifanc,
yn ffres,
yn hyderus,
yn frwdfrydig –
nid yn blentynnaidd
ond fel plant,
yn llawn gobaith a disgwyliad.
Rho i ni ddiniweidrwydd a gostyngeiddrwydd i dderbyn
ein bod yn dibynnu'n llwyr arnat ti,
ac er i ni eisoes gerdded llwybr hir yn dy gwmni,
nad ydym eto ond dechrau.
Amen.

Iago ac Ioan

Marc 10:35–45

Daeth Iago ac Ioan, meibion Sebedeus, ato a dweud wrtho, "Athro, yr ydym am iti wneud i ni y peth a ofynnwn gennyt." Meddai yntau wrthynt, "Beth yr ydych am imi ei wneud i chwi?" A dywedasant wrtho, "Dyro i ni gael eistedd, un ar dy law dde ac un ar dy law chwith yn dy ogoniant." Ac meddai Iesu wrthynt, "Ni wyddoch beth yr ydych yn ei ofyn." (Marc 10:35–38a)

Myfyrdod

Iago Roedden ni'n gwybod am beth yr oedden ni'n gofyn,
neu o leiaf roedden ni'n meddwl hynny.

Ioan Roedden ni am ein rhan yn y busnes,
a chael ein hadnabod gyda Iesu,
pan ddeuai i deyrnasu,
fel dynion ei ddeheulaw,
ei ddilynwyr ffyddlon,
a chael ymgolli yn yr holl ogoniant.

Iago Ond nid dyna oedd ystyr ei ogoniant.

Ioan Doedden ni ddim wedi deall,
a'r ddau ohonom yn dal i feddwl mewn termau dynol
a dealltwriaeth y byd hwn.

Iago Doedd hi ddim yn bosibl gwneud camgymeriad mwy,
oherwydd coron ddrain oedd yn ei ddisgwyl
a'i fuddugoliaeth yn cael ei sicrhau yn ei farwolaeth.

Ioan A fyddem wedi gofyn am ein rhan yn hynny pe byddem yn gwybod?

Iago A fyddem wedi dewis llwybr costus, gwasanaeth, aberth ac ymrwymiad llwyr?

Ioan Dydw i ddim yn meddwl,
oherwydd, er i ni ddilyn Iesu am flynyddoedd,
doedden ni ddim wedi dechrau deall pwrpas ei ddyfodiad i'r byd.

Iago Ond mi ddyweda i un peth,
fe ddaethom i ddeall maes o law,
oherwydd gwelsom ef yn dioddef
a'i wylio'n marw,

72

a'i fywyd yn cael ei roi'n aberth dros lawer.

Ioan Mae ar ei orsedd nawr wrth gwrs
a'i deyrnas yn y nefoedd ac nid ar y ddaear,
ef yw Brenin y Brenhinoedd ac Arglwydd yr Arglwyddi,
ac yn teyrnasu fel gwas.

Iago Fy nhro i yw hi bellach i godi fy nghroes,
ac, i mi, nid ffordd o siarad yn unig mo hynny;
rwy'n golygu hynny yn llythrennol,
oherwydd rhaid i mi bellach roi'r cyfan.
Gofynnais am ogoniant,
ac fe'i cefais,
er nid o'r byd hwn.
Bu gwasanaethu, Arglwydd, yn anrhydedd.

Gweddi

Arglwydd Iesu Grist,
ceisiwn weld tu hwnt i'r byd hwn,
ond cawn anhawster,
oherwydd ni wyddom ddim
ond am y byd hwn
a chyd-destun ein bywyd bob dydd.
Er i ni ymdrechu'n wahanol,
ystyriwn bopeth mewn termau dynol,
a'r hyn a gred y byd sy'n boblogaidd.
Helpa ni i amgyffred gwerthoedd dy deyrnas di,
lle mae methiant yn fuddugoliaeth,
yr olaf yn gyntaf,
y gwan yn gryf,
a marwolaeth yn esgor ar fywyd –
ac i gydnabod fod gogoniant, fel yr wyt ti yn ei ddeall,
yn golygu gwasanaeth anhunanol
ac nid goruwchlywodraethu dros eraill;
ei ystyr yw rhoi yn hytrach na derbyn,
croes yn lle coron.
Os ydym am rannu dy ogoniant,
dysg i ni yn gyntaf beth yw ei ystyr.
Amen.

Bartimeus

Marc 10:46–52

Cyfarchodd Iesu ef a dweud, "Beth yr wyt ti am i mi ei wneud iti?" Ac meddai'r dyn dall wrtho, "Rabbwni, y mae arnaf eisiau cael fy ngolwg yn ôl." Dywedodd Iesu wrtho, "Dos, y mae dy ffydd wedi dy iacháu di." A chafodd ei olwg yn ôl yn y fan, a dechreuodd ei ganlyn ef ar hyd y ffordd. (Marc 10:51–52)

Myfyrdod
Roedd cael gweld eto yn ddigon rhyfeddol;
cael edrych o gwmpas ar bobl a lleoedd,
syllu ar y môr, y sêr a'r awyr –
tu hwnt i eiriau.
Ond gwnaeth Iesu fwy na hynny i mi,
ac agor fy llygaid i rywbeth mwy na'r byd o'm cwmpas;
agorodd fy llygaid i Dduw –
i'r ffordd, y gwirionedd a'r bywyd.
Daeth ag iachâd,
i'r meddwl yn ogystal â'r corff,
ymdeimlad o gyfanrwydd mewnol,
yn union fel pe bawn wedi fy nghreu o'r newydd.
I rai, dim ond dyn ydoedd,
i eraill, athro,
i eraill, yn fygythiad ac yn gablwr,
ond i mi ef oedd y Meseia,
yr Arglwydd hirddisgwyliedig,
oherwydd, ynddo ef, gwelais Dduw ar ffurf dyn,
yn cerdded ac yn siarad yn ein plith,
a'i eiriau, rywsut, yn troi'n gnawd.
Iachaodd fi,
rhyddhaodd fi,
a neidiais i fyny ar ei ôl,
yn benderfynol o ddilyn, nid y dyn yn unig,
ond ei ffordd,
a cherdded drwy ffydd yn ogystal â golwg.

Bûm mewn tywyllwch cyhyd.
Nawr cefais weld ei oleuni llachar,
a newidiwyd fy mywyd am byth.

Gweddi
Duw cariad,
helpa ni i weld mewn gwirionedd,
nid â'n llygaid yn unig,
ond yn ddyfnach na hynny,
gan edrych islaw'r wyneb,
tu hwnt i ymddangosiad,
i realiti dy bresenoldeb,
a rhyfeddod yr hyn wyt ti.
Helpa ni, drwy dy Ysbryd, i weld Crist
yn y byd o'n cwmpas,
yn ein gilydd,
ym mywyd a thystiolaeth dy Eglwys,
yn dy Air,
yn y profiad o weddi,
ac mewn llawer iawn mwy,
dy oleuni'n llewyrchu'n y tywyllwch,
dy gariad yn goleuo ein bywyd.
Dyro i ni'r ddirnadaeth i'th ganfod,
doethineb i'th adnabod,
penderfyniad i'th wasanaethu
a chalon i'th garu.
Amen.

Gwrandawr

Luc 6:27-38

"Fel y dymunwch i eraill wneud i chwi, gwnewch chwithau yr un fath iddynt hwy... oherwydd â'r mesur y rhowch y rhoir i chwi yn ôl." (Luc 6:31, 38b)

Myfyrdod

Gwnewch fel y byddech yn dymuno i eraill wneud i chi.
Nawr dyna i chi syniad sy'n apelio,
ac rwy'n fwy na hapus i'w ddilyn.
Dim o'r hen ddwli 'carwch eich gelynion',
'troi'r foch arall',
'rhowch i'r sawl sy'n gofyn' –
dim ond synnwyr cyffredin.
Dyma'r hyn a wna'r mwyafrif ohonom beth bynnag.
Dim ond i chi drin pobl yn deg, fe fyddant hwy'n deg â chi.
Ond, a yw mor syml â hynny?
Oherwydd doedd ef ddim wedi gorffen,
a dychwelodd at yr un hen stori:
maddau,
peidio â barnu,
bod yn dda tuag at bawb,
fel pe bai'r rheiny'n golygu'r un peth,
yn perthyn i'w gilydd.
Roedd yn iawn, wrth gwrs,
oherwydd felly y byddwn yn dymuno i eraill fy nhrin.
Byddwn yn disgwyl iddynt fy esgusodi am wneud cam â nhw,
maddau ac anghofio os wyf yn edifarhau.
Disgwyliwn iddynt ddeall fy ngweithredoedd,
a rhoi gwrandawiad teg heb neidio i farnu'n fyrbwyll.
Ac mewn angen, disgwyliwn garedigrwydd,
cymorth,
cefnogaeth.
Ond sawl gwaith rydw i wedi cynnal hen gynnen,
neidio i farnu

76

ac anwybyddu'r anghenus –
yn meddwl amdana i yn unig?
Rwy'n gwneud hynny bob amser,
caru pan gaf fy ngharu,
rhoi wedi derbyn,
a'm hagwedd tuag at eraill
yn ddibynnol ar eu hagwedd hwy tuag ataf i.
'Fel y dymunwch i eraill wneud i chwi,
gwnewch chwithau'r un fath iddynt hwy':
mae'n swnio'n hawdd,
mor synhwyrol,
ond, o'i gymryd o ddifrif, nid yw mor hawdd.
Yn rhy aml o lawer,
fyddwn ni ddim yn gwneud i eraill
fel y byddem yn dymuno i eraill wneud i ni,
ond yn hytrach, fel y mae eraill *wedi* gwneud i ni –
ac mae byd o wahaniaeth rhwng y ddau.

Gweddi

Maddau i ni, Arglwydd, am ymateb yn ddifeddwl i eraill,
ac am y dyhead greddfol i geisio llygad am lygad
a dant am ddant.
Maddau i ni am fethu gweld ynom ein hunain
y beiau a welwn mewn eraill;
am ddisgwyl i eraill gyfrif deg,
heb fod yn barod i wneud hynny ein hunain.
Helpa ni wneud i eraill fel y byddem yn dymuno iddynt wneud i ni,
a rhoi er na dderbyniwn ddim,
caru er na chawn ein caru,
gan gofio ein bod ni, sy'n haeddu cyn lleied,
yn derbyn cymaint gennyt ti.
Amen.

Cyfaill y Canwriad

Luc 7:1–10

Pan oedd Iesu ar ei ffordd gyda hwy ac eisoes heb fod ymhell o'r tŷ, anfonodd y canwriad rai o'i gyfeillion i ddweud wrtho, "Paid â thrafferthu, syr, oherwydd nid wyf yn deilwng i ti ddod dan fy nho. Am hynny bernais nad oeddwn i fy hun yn deilwng i ddod atat; ond dywed air, a chaffed fy ngwas ei iacháu. Oherwydd dyn sy'n cael ei osod dan awdurdod wyf finnau, a chennyf filwyr danaf; byddaf yn dweud wrth hwn, 'Dos', ac fe â, ac wrth un arall, 'Tyrd', ac fe ddaw, ac wrth fy ngwas, 'Gwna hyn', ac fe'i gwna." Pan glywodd Iesu hyn fe ryfeddodd at y dyn, a chan droi at y dyrfa oedd yn ei ddilyn meddai, "Rwy'n dweud wrthych, ni chefais hyd yn oed yn Israel ffydd mor fawr." (Luc 7:6–9)

Myfyrdod
Mae fy nghyfaill yn ddyn da –
yn haeddu pob parch.
Credwch chi fi, mae hynny'n ganmoliaeth,
oherwydd does gennym ni Iddewon
ddim llawer i'w ddweud wrth *Rufeiniaid!*
Ond roedd y dyn hwn yn wahanol iawn i'r lleill.
Cymerwch, er enghraifft, ei ofal dros ei gaethwas –
pan gymerwyd ef yn sâl, anfonodd at Iesu
ac ymbil arno i ddod a chynorthwyo.
Does dim llawer sy'n barod i wneud hynny, credwch fi.
Ond y peth rhyfedd yw hyn,
bu'r penderfyniad bron â'i lethu,
fel pe bai cael cwrdd ag Iesu'n ormod iddo,
a'r fraint yn rhy uchel!
Felly, anfonodd ni, ei gyfeillion, i geisio Iesu,
yn hyderus y gallai iacháu o bell.
Pwy oedd y dyn hwn tybed,
y dyn hwn a allai ennyn y fath ffydd,
a pheri i ddyn da a gonest
deimlo mor annheilwng i rannu'r un to?
Pendronais,

78

synfyfyriais,
poenais,
a bu bron i mi ddrysu'n llwyr,
gan ddisgwyl y byddai'r gwas wedi hen farw cyn i ni gyrraedd yn ôl.
Ond ein meistr oedd yn iawn wedi'r cyfan:
iachawyd y dyn,
adferwyd ef yn llwyr,
roedd un gair o enau Iesu yn ddigon.
Fe'n syfrdanwyd y tu hwnt i eiriau,
ond doedd hyn ddim yn syndod i'n cyfaill.
Fel y dywedais, dyma ddyn da,
yn llawn deilyngu pob clod,
ond y diwrnod hwnnw, yn Iesu,
cawsom rywun mwy haeddiannol,
yn fwy arbennig:
dyn a allai iacháu, a chyfannu,
dyn a allai waredu rhywun rhag marwolaeth.
Does dim llawer a all wneud hynny,
rwy'n siŵr y cytunwch.
Na, rwy'n anghywir eto,
does *neb* arall a all wneud hynny.

Gweddi
Arglwydd Iesu Grist,
cadw ni rhag anghofio mor arbennig wyt ti –
rhag meddwl amdanat fel
dyn da ac athro da yn unig.
Atgoffa ni dy fod wedi dwyn iachâd,
maddeuant,
a dechreuadau newydd,
a'th fod yn parhau i wneud hynny bob dydd –
na, nid dyn da,
ond anghyffredin,
Duw yn y cnawd:
dim byd tebyg i ni o gwbl!
Unigryw!
Amen.

Y Weddw o Nain

Luc 7:11–17

Pan gyrhaeddodd yn agos at borth y dref, dyma gynhebrwng yn dod allan; unig fab ei fam oedd y marw, a hithau'n wraig weddw. Yr oedd tyrfa niferus o'r dref gyda hi. Pan welodd yr Arglwydd hi, tosturiodd wrthi a dweud, "Paid ag wylo." Yna aeth ymlaen a chyffwrdd â'r elor. Safodd y cludwyr, ac meddai ef, "Fy machgen, rwy'n dweud wrthyt, cod." Cododd y marw ar ei eistedd a dechrau siarad, a rhoes Iesu ef i'w fam. (Luc 7:12–15)

Myfyrdod
'Paid ag wylo,' meddai, a fedrwn i ddim credu fy nghlustiau,
oherwydd dyna i chi beth twp a dideimlad i'w ddweud.
Bobl bach, roedd fy mab newydd farw – fy unig fab! –
ac roeddwn i ar chwâl yn fy ing a'm trallod.
Aeth fy myd wyneb i waered,
a dyma ryw ddieithryn yn ymddangos o unlle
ac yn dweud wrthyf am beidio ag wylo –
fel pe bai'n awgrymu y dylwn f'ysgwyd fy hunan,
bod yn gryfach, a derbyn.
Rhaid dweud i mi deimlo fel rhoi un dan ei ên,
ond doedd gen i mo'r nerth, na'r ysbryd,
ac roedd fy holl feddwl ar gladdu'r bachgen bach
ac yna mynd adre i'r gwely a thorri fy nghalon.
Ond daliai Iesu i sefyll yno o'm blaen,
a daliais ar rywbeth yn ei edrychiad –
edrychiad o awdurdod tyner na welais erioed o'r blaen –
corddodd rhywbeth o'm mewn,
a dihunwyd rhyw obaith ynof.
Trodd at y fan lle'r oedd fy mab yn gorwedd, a siaradodd ag ef,
yn dawel ac yn syml:
'Fy machgen...cod.'
Roeddem yn edrych arno mewn anghrediniaeth,
o weld yr hyn oedd yn digwydd o flaen ein llygaid.
Daeth yn fyw eto – fy mab fu'n gorwedd yno'n llonydd ac yn oer –
yn fyw ac yn anadlu unwaith eto,

ac yn fy nghofleidio'n frwdfrydig, a dawnsio o lawenydd.
Wel, gallwch ddychmygu'r dathliadau – dyna i chi barti! –
ac er i rywrai geisio egluro'r cyfan,
ac awgrymu efallai nad oedd y bachgen
wedi marw mewn gwirionedd,
dim ond yn gorwedd mewn coma,
gwyddwn yn wahanol, tu hwnt i bob amheuaeth.
Cymerwyd ef oddi arnaf, a'i ddychwelyd;
bu farw, ac mae'n fyw;
ac yna daeth geiriau eraill Iesu i'm cof,
geiriau a lefarwyd beth amser yn ôl,
y tro hwnnw'n ddirgelwch
ond erbyn hyn yn glir fel y grisial:
'Gwyn eu byd y rhai sy'n galaru, cânt hwy eu cysuro.'
Credaf hynny, wyddoch chi, yn llwyr, yn ddiamod,
oherwydd dangosodd Iesu i mi, drwy ras Duw,
y gellir concro angau.
Er y gall bywyd ddod â'i boen a'i ddiflastod,
nid yw ond llwybr i ddechreuad newydd,
oherwydd mae ei gariad yn drech na phopeth.

Gweddi

Arglwydd, llefara air o obaith ac addewid
i bawb sy'n cerdded drwy'r dyffryn tywyll du.
Estyn at y rhai a gollodd anwyliaid,
a'r sawl sy'n wynebu eu dyddiau olaf;
y rhai a lethir gan dristwch
ac mewn ofn a dychryn mawr.
Rho i bawb sy'n galaru gysur parhaol
o wybod dy fod gyda hwy yn awr
ac yn y sicrwydd o'r bywyd sydd i ddod.
Boed iddynt hwy a ninnau wybod, hyd yn oed yn ein dagrau,
nad oes dim yn y nef nac ar y ddaear,
mewn bywyd nac mewn marwolaeth,
a all ein gwahanu oddi wrth dy gariad
yn Iesu Grist ein Harglwydd.
Amen.

Simon y Pharisead

Luc 7:36–8:3

Pan welodd hyn dywedodd y Pharisead oedd wedi ei wahodd wrtho'i hun, "Pe bai hwn yn broffwyd, byddai'n gwybod pwy yw'r wraig sy'n cyffwrdd ag ef, a sut un yw hi. Pechadures yw hi." Atebodd Iesu ef, "Simon, y mae gennyf rywbeth i'w ddweud wrthyt." Meddai yntau, "Dywed, Athro." "Yr oedd gan fenthyciwr arian ddau ddyledwr," meddai Iesu. "Pum cant o ddarnau arian oedd dyled un, a hanner cant oedd ar y llall. Gan nad oeddent yn gallu talu'n ôl, diddymodd y benthyciwr eu dyled i'r ddau. Prun ohonynt, gan hynny, fydd yn ei garu fwyaf?" Atebodd Simon, "Fe dybiwn i mai'r un y diddymwyd y ddyled fwyaf iddo." "Bernaist yn gywir," meddai ef wrtho. (Luc 7:39–43)

Myfyrdod
Dileu dyled?
Maddau pechodau?
Mae 'na reolau dros bethau felly,
canllawiau pendant yn y Gyfraith,
ac mae'r bobl mae Iesu'n mynnu cymysgu â hwy
yn bell tu allan i'r canllawiau hynny.
Dylai wybod hynny siŵr iawn,
oherwydd nid yw'n ffŵl,
eto nid dim ond siarad am drugaredd a wna,
ond mae'n credu fod ganddo'r hawl i'w ganiatáu.
Afresymol!
Heriais ef, wrth gwrs,
ac adroddodd rhyw stori ddamcaniaethol
er mwyn ceisio fy maglu.
Ond nid *fi* ddylai fod yn barnu'n gywir
ond *ef.*
Dylai'r rhai sydd mewn dyled ei thalu,
ac mae'r un peth yn wir am ddrwgweithredu.
Allwch chi ddim mynd o gwmpas yn esgusodi camgymeriadau,
fel pe baen nhw erioed wedi digwydd.
Rhaid talu'r pris –

ac os na wnaiff yr euog dalu pwy sy'n mynd i dalu?
Mae Iesu'n meddwl yn dda, rwy'n siŵr,
ond mae allan o gysylltiad â'r byd hwn fan hyn.
Rhowch fodfedd iddynt ac fe gymerant lathen.
Rwyf o blaid maddeuant, peidiwch â chamddeall,
ond rhaid wrth newid i gadarnhau hynny,
a thrawsnewidiad oddi fewn,
a bydd yn rhaid wrth rywbeth arbennig iawn i achosi hynny.
Rhywbeth, neu *rywun*, hollol unigryw!

Gweddi
Diolch, Arglwydd, nad dod i farnu wnaethost ti
ond i ryddhau,
nid i gondemnio
ond i faddau.
Diolch am ein gweld fel yr ydym,
yn ein holl wendidau a'n beiau,
a'n caru yr un fath yn union
a gwrthod ein diystyru.
Dysg i ninnau, yn ein tro, weld y daioni mewn eraill,
a thynnu'r gorau allan ohonynt,
y gorau allwn ni.
Amen.

Y Gŵr o Gerasa

Luc 8:26–39

Yr oedd y dyn yr oedd y cythreuliaid wedi mynd allan ohono yn erfyn am gael bod gydag ef; ond anfonodd Iesu ef yn ei ôl, gan ddweud, "Dychwel adref, ac adrodd gymaint y mae Duw wedi ei wneud drosot." Ac aeth ef ymaith trwy'r holl dref gan gyhoeddi gymaint yr oedd Iesu wedi ei wneud drosto. (Luc 8:38–39)

Myfyrdod
Doedd gen i ddim syniad pwy oeddwn,
yn llythrennol,
oherwydd roedd cymaint o leisiau'n cystadlu yn fy mhen,
pob un yn crefu am sylw.
Gyrrodd fi'n wallgof –
y dryswch,
y tynnu fan hyn a fan draw,
heb wybod o un funud i'r llall pa wyneb a wisgwn,
pa berson a fyddwn.
Does dim rhyfedd fod pobl yn fy ofni,
ar adegau roeddwn yn fy ofni fy *hunan,*
a'r hyn y gallwn ei wneud a bod.
Ond yna, cwrddais ag Iesu –
a newidiodd y cyfan.
Gwelodd pwy oeddwn *mewn gwirionedd*:
nid y bwystfil a redai o gwmpas,
ond unigolyn unigryw,
person,
bod dynol,
a chymaint o werth iddo â phawb arall.
Estynnodd ataf mewn ffordd na wnaeth neb o'r blaen,
yn cynnig cariad a derbyniad,
gan weld y person y tu ôl i'r wyneb,
ac wrth wneud hynny bu'n gymorth imi fy wynebu fy hunan –
i fynd benben â'm demoniaid mewnol a dechrau o'r newydd.
A wnaethoch chi hynny:

darganfod heddwch real a pharhaol?
A ddysgoch chi roi'r un gwerth arnoch eich hunan ag a wna Duw?
Hwyrach nad ydych mewn cymaint o ddryswch ag yr oeddwn i,
gyda'm terfysg meddyliol ac ysbrydol,
ond yn sicr nid ydych heb eich trafferthion,
na mor rhydd ag y carech gredu oddi wrth y demoniaid sy'n eich plagio –
lleisiau ofn, amheuaeth, euogrwydd ac anobaith
sy'n sibrwd o'ch mewn
nos a dydd.
Peidiwch â rhedeg oddi wrthynt,
fe ddôn ar eich gwarthaf.
Peidiwch ag ymrafael eich hunan,
oherwydd mae eu gafael yn gryf.
Trowch at Iesu
a chael gorffwys i'ch eneidiau.

Gweddi
Bydd yn gymorth, O Arglwydd,
i'r holl feddyliau hynny sydd wedi eu haflonyddu
gan bryder,
digalondid
a salwch meddyliol.
Llefara dy air o dangnefedd,
a boed iddynt gael, ynot ti, dderbyniad, dealltwriaeth,
tawelwch meddwl
a gorffwys i'w heneidiau.
Amen.

Apostol Iago

Luc 9:51–62

Pan oedd y dyddiau cyn ei gymryd i fyny yn dirwyn i ben, troes ef ei wyneb i fynd i Jerwsalem, ac anfonodd allan negesyddion o'i flaen. Cychwynasant, a mynd i mewn i bentref yn Samaria i baratoi ar ei gyfer. Ond gwrthododd y bobl ei dderbyn am ei fod ar ei ffordd i Jerwsalem. Pan welodd ei ddisgyblion, Iago ac Ioan, hyn, meddent, "Arglwydd, a fynni di inni alw tân i lawr o'r nef a'u dinistrio?" Ond troes ef a'u ceryddu. Ac aethant i bentref arall. (Luc 9:51–56)

Myfyrdod
Roeddem ni'n ddig
ac wedi'n cythruddo!
I feddwl y byddent hwy,
Samariaid o bawb,
yn troi eu trwynau ar Iesu,
fel pe baen nhw gymaint â hynny'n well nag ef.
Doedd yr un ohonynt yn deilwng i lyfu ei sandalau,
a phe byddai ganddynt owns o synnwyr
byddent wedi manteisio ar y cyfle
a'i groesawu â breichiau agored.
Y ffyliaid gwirion –
nhw oedd ar eu colled.
Ond i Ioan a minnau,
doedd eu colled nhw ddim yn ddigon.
Rhaid oedd dysgu gwers iddynt,
a gwneud esiampl ohonynt, er mwyn i eraill weld a dysgu.
Ergyd drom yn ei phryd – dyna oedd ei angen,
a chawsom dipyn o hwyl ymhlith ein gilydd wrth feddwl am y peth.
Ond doedd Iesu ddim am glywed am y fath syniad,
ac edrychodd arnom gyda'r wên amyneddgar a siomedig honno
yr oeddem erbyn hyn wedi dod i'w hadnabod mor dda.
Roeddem wedi deall yn syth beth oedd ei hystyr.
Unwaith eto roeddem wedi camddeall
ac yn ystyried pethau o safbwynt dynol

ac nid o safbwynt Duw –
cosb a dial
yn hytrach na gras a thrugaredd.
Allai Iesu ddim bod yn fwy gwahanol,
yn dangos tosturi yn lle dicter,
cariad yn lle casineb,
a'i feddwl yn llwyr ar faddeuant;
ei unig ddymuniad oedd bendithio.
Cofiwch hynny pan fyddwch, fel ninnau,
yn rhy frysiog i farnu,
parod i gondemnio,
ac awyddus i ddial,
neu fe gewch fod ei gerydd, pan ddaw,
wedi'i anelu i'r cyfeiriad mwyaf annisgwyl:
atoch *chi*.

Gweddi
Siaradwn, O Arglwydd,
am ddeall a maddau,
ac er i ni ei ddisgwyl gennyt ti,
methwn ei ddangos tuag at eraill.
Mor aml fe fyddwn yn anoddefgar,
yn galon galed,
yn grintachlyd,
yn gyflym i bwdu ac araf i gymodi.
Rho ynom galon ac ysbryd newydd,
a gwna ni'n debycach i ti.
Amen.

Luc

Luc 10:1–11, 16–20

Wedi hynny penododd yr Arglwydd ddeuddeg a thrigain arall, a'u hanfon allan o'i flaen, bob yn ddau, i bob tref a man yr oedd ef ei hun am fynd iddynt. Dywedodd wrthynt, "Y mae'r cynhaeaf yn fawr ond y gweithwyr yn brin; deisyfwch felly ar arglwydd y cynhaeaf i anfon gweithwyr i'w gynhaeaf. Ewch; dyma fi'n eich anfon allan fel ŵyn i blith bleiddiaid." (Luc 10:1–3)

Myfyrdod

'Ŵyn i blith bleiddiaid' –
dydy hynny ddim yn addo'n dda, nac ydi?
Ond rhaid cydnabod un peth,
dydy Iesu ddim yn dal yn ôl,
ond yn ei dweud hi fel y mae.
Gallai fod wedi tynnu darlun hyfryd,
a smalio fod ymrwymiad yn hawdd,
ond ni wnaeth hynny,
gan ein gadael heb unrhyw gamargraff na fyddai ei ddilyn ef yn costio.
Nid fod pethau'n dywyll i gyd.
Cawn ein calonogi weithiau,
a chroesewir ein neges,
ond rhaid cyfaddef mai eithriadau prin yw'r rhain,
ac yn gwbl groes i'r tueddiadau arferol.
Dydyn ni ddim yn hoffi hynny, wrth gwrs;
ein dymuniad ni yw cael ein parchu,
mwynhau poblogrwydd,
llwyddiant,
cymeradwyaeth.
Dyna'n ffordd ni o feddwl,
ond nid dyna ffordd *Duw*.
Os ydym yn ffyddlon i'r efengyl mewn gair a gweithred,
a thystio drwy'r hyn ydym i her Crist,
i bob ymateb cadarnhaol
bydd llawer mwy yn negyddol,

i bob 'Ie', bydd torf yn dweud 'Na'.
Peidiwch â digalonni felly, os yw'r llwybr yn anodd,
ac ymrwymiad yn gofyn llawer heb roi fawr ddim.
Nid yw hon yn ffordd hawdd o fyw,
ond dyma'r *unig* ffordd i *fywyd*.

Gweddi
Arglwydd Iesu Grist,
rho wroldeb i ni fedru dy ddilyn,
hyd yn oed pan yw'r llwybr yn hawlio cymaint
ac yn gostus iawn.
Helpa ni i sefyll dros ein ffydd
ac i siarad drosot ti,
gan ymwrthod â'r demtasiwn i fynd gyda'r llifeiriant.
Atgoffa ni, er i ni gefnu ar gyfoeth a phoblogrwydd,
yr enillwn lawer mwy:
bywyd ynot ti.
Amen.

Un o Athrawon y Gyfraith

Luc 10:25–37

Dyma un o athrawon y Gyfraith yn codi i roi prawf arno, gan ddweud,
"Athro, beth a wnaf i etifeddu bywyd tragwyddol?" Meddai ef wrtho,
"Beth sy'n ysgrifenedig yn y Gyfraith? Beth a ddarlleni di yno?" Atebodd
yntau, "'Câr yr Arglwydd dy Dduw â'th holl galon ac â'th holl enaid ac
â'th holl nerth ac â'th holl feddwl, a châr dy gymydog fel ti dy hun.'"
Meddai ef wrtho, "Atebaist yn gywir; gwna hynny, a byw fyddi." Ond yr
oedd ef am ei gyfiawnhau ei hun, ac meddai wrth Iesu, "A phwy yw fy
nghymydog?" (Luc 10:25–29)

Myfyrdod
'Athro,' meddwn, 'beth a wnaf i etifeddu bywyd tragwyddol?'
A gwyddwn yr ateb cyn i mi ofyn.
Roedd yn nodweddiadol o athrylith y dyn,
bob amser yn troi'r byrddau ar neb a geisiai ei rwydo.
'Beth sy'n ysgrifenedig yn y Gyfraith?' gofynnodd,
'Beth a ddarlleni di yno?'
Gwych!
Ond y tro hwn credais ei fod wedi cwrdd â'i debyg,
oherwydd roeddwn yn hen gyfarwydd â dadleuon cyfreithiol,
ac roeddwn wedi paratoi fy achos.
'Câr dy Dduw,' dywedais, 'a'th gymydog.'
'Yn hollol,' medd yntau, 'gwna hyn, a byw fyddi,'
fel pe bai hynny'n ddigon,
a'r drafodaeth wedi gorffen.
Ond roedd y geiriau hynny'n sbardun i mi,
a neidiais i mewn yn frwdfrydig gan arogli gwaed.
'Ie,' meddwn, 'ond pwy yw fy nghymydog?'
Clyfar iawn ynte?
A wir credais fy mod wedi cael y llaw uchaf arno,
oherwydd, er bod ei eiriau'n swnio'n dda,
beth mewn gwirionedd oedd eu hystyr?
Os nad ydych erioed wedi gofyn y cwestiwn hwnnw,
mae'n hen bryd i chi wneud, oherwydd pa mor fawr yw'r rhwyd i fod –
lle mae tynnu'r llinell?

Y bobl drws nesaf yw ein cymdogion,
ond beth am bobl ein pentref, ein tref, ein gwlad,
heb sôn am y rhai tu hwnt?
Lle mae dechrau? Lle mae'n gorffen? Dywedwch chi wrtha i.
A dyna'r cwestiwn a osodais i Iesu, gan ddisgwyl iddo faglu.
Dere, rhesymais, mae'n rhaid bod ffin yn rhywle?
Y Rhufeiniaid, er enghraifft, ein gorthrymwyr creulon –
does bosib fod yn rhaid cynnwys y rheiny!
Ac am y casglwyr trethi, puteiniaid, pechaduriaid,
gallwch anghofio amdanynt –
os derbyniwn ni rhain bydd yn rhaid derbyn y Samariaid nesaf,
ein gelynion – Duw a'n helpo!
Na, roeddwn wedi ei gornelu, a'i gefn yn erbyn y wal,
a fyddai dim dianc iddo bellach.
Ond yna edrychodd arnaf,
ac adrodd y stori gofiadwy honno, ie dyna chi, am *Samariad*! –
a rhywsut roedd y cwestiwn yn ôl yn ei fan cychwyn: gyda *mi*.
'Pa un o'r tri oedd yn gymydog i'r dyn?' gofynnodd,
ac roedd yn glir erbyn hyn, y tu hwnt i bob amheuaeth,
ei fod yn golygu pob gair a ddaethai o'i enau;
ei fod yn disgwyl i ni drin *pawb* fel ein cymydog –
y neb y tu allan i gylch ein gofal,
dim sefyllfa y gallwn olchi ein dwylo ohoni.
Gofynnais y cwestiwn, cefais fy ateb,
ac mi ddyweda i un peth, rwy'n difaru gofyn!

Gweddi

Agor ein calonnau, Arglwydd, i'n cymdogion ym mhob man
a dangos i ni ein cyfrifoldeb tuag atynt,
yn newyn y tlawd,
yn niflastod y digartref,
yn helynt y ffoadur,
yn anobaith y gorthrymedig, dicter y rhai sy'n cael eu sathru,
yn nioddefwyr trychinebau naturiol, terfysgaeth, trais a rhyfel;
helpa ni i adnabod dy alwad, dy angen,
a'n gwŷs i ymateb mewn cariad.
Amen.

Ioan yr Efengylydd

Ioan 5: 36b–47

"Yr ydych yn chwilio'r Ysgrythurau oherwydd tybio yr ydych fod ichwi fywyd tragwyddol ynddynt hwy. Ond tystiolaethu amdanaf fi y mae'r rhain; eto ni fynnwch ddod ataf fi i gael bywyd." (Ioan 5:39–40)

Myfyrdod

Roedd e'n iawn, chi'n gwybod,
ynglŷn â chwilio'r Ysgrythurau;
does neb yn gwneud hynny'n fwy na'r ysgrifenyddion.
Dyna'u gwaith,
dyna oedd yn eu gosod ar wahân,
wrth iddynt dreulio pob awr yn darllen,
astudio, dadansoddi a dadlau,
nes dod i wybod y cyfan oedd i'w wybod am y Gyfraith,
ac union eiriau'r proffwydi,
a phob manylyn o air Duw, drwyddo draw.
Dylasent hwy, o bawb, fod yn gwybod pwy oedd Iesu,
gan fod cymaint yn yr Ysgrythurau yn cyfeirio ato;
'Bachgen a aned i ni, mab a roddwyd i ni.'
'O Fethlehem, un o drefi lleiaf Jwda,
y daw llywodraethwr ar Israel,
un â'i wreiddiau'n mynd yn ôl i'r cyfnodau cynnar.'
'Tynnir cenhedloedd at dy oleuni,
a brenhinoedd at lewyrch dy wawr.'
'Bydd ysbryd yr Arglwydd yn gorffwys arno,
ysbryd doethineb a deall,
gallu a chyngor,
gwybodaeth ac ofn yr Arglwydd' –
Roedd hynny i gyd a llawer mwy wedi ei gyflawni ynddo ef,
hebryngwr bywyd, y Gair yn gnawd,
ond ni allent ei weld.
Hwn oedd yr un y chwilient amdano,
ond methwyd â dod o hyd iddo;
yr un yr oeddent yn dyheu amdano,
ac eto fe'i gyrrwyd i ffwrdd,

92

ac nid yn unig ei wrthod,
ond ei hoelio ar groes.
A hyd yn oed yn y fan honno,
roedd y gwir yn blaen,
a'r Ysgrythurau wedi eu cyflawni.
'Cafodd ei orthrymu a'i gystuddio,
ond nid agorodd ei enau.'
'Fe'i clwyfwyd am ein troseddau ni,
a'i dorri am ein pechodau;
drwy ei gleisiau ef y cawsom ni ein hiacháu.'
Chwiliwyd a cheisiwyd yn ofer,
oherwydd er mor bwysig yw'r Ysgrythurau,
nid yno y gorwedd yr ateb terfynol,
ond yn y dyn.
'Sgwn i a allant weld nawr?

Gweddi
O Dduw,
diolch i ti am y Beibl
a'r ffordd yr wyt ti'n siarad â ni drwyddo.
Diolch y gallwn olrhain dy hanes
wrth droi ei dudalennau,
dy ymwneud â'th bobl,
dy alwad, dy arweiniad,
dy ewyllys a'th drugaredd.
Dysg i ni ddarllen ac astudio'r Ysgrythurau'n ofalus,
yn awchus,
ac yn weddigar,
a cheisio ynddynt dy arweiniad di,
ond gwared ni rhag eu dyrchafu'n uwch na thi,
drwy roi iddynt yr awdurdod sy'n eiddo i ti yn unig.
Boed i'n ffydd orffwys, nid ar yr ysgrifenedig,
ond ar y Gair a ddaeth yn gnawd,
yr Arglwydd Iesu Grist,
yr un y lleferaist ti drwyddo
ac yn parhau i wneud hynny,
ac yn ei enw ef yn awr y gweddïwn.
Amen.

Teulu o Galilea

Luc 12:49–56

"A ydych chwi'n tybio mai i roi heddwch i'r ddaear yr wyf fi wedi dod?
Nage, meddaf wrthych, ond ymraniad. Oherwydd o hyn allan bydd un
teulu o bump wedi ymrannu, tri yn erbyn dau a dau yn erbyn tri:
'Ymranna'r tad yn erbyn y mab a'r mab yn erbyn y tad, y fam yn erbyn ei
merch a'r ferch yn erbyn ei mam, y fam-yng-nghyfraith yn erbyn y ferch-
yng-nghyfraith a'r ferch-yng-nghyfraith yn erbyn ei mam-yng-nghyfraith."
(Luc 12:51–53)

Myfyrdod

Mam   Gallwn i wrando ar y dyn yna drwy'r dydd.
Allech chi? Dyna i chi athro!

Tad   Wyt ti'n jocian? Fedra i ddim diodde'r dyn!

Mam   Ond pam?
Mae'n wahanol i bawb a glywais yn y gorffennol;
mae'n siarad gyda'r fath awdurdod.

Tad   Ac awdurdod pwy yw hwnnw, hoffwn i wybod!
Na, mae'n rhy llawn ohono'i hun o'r hanner.

Mab   O dewch dad, byddwch yn deg –
edrychwch ar y gwyrthiau a wnaeth,
y bobl a gynorthwyodd a'u hiacháu:
does bosib na welwch chi hynny.

Tad   Twt, dewiniaeth! Credwch chi fi, does dim da yn hwnna.

Mam   Wel, rwyf fi'n dweud y dylem siarad ag ef,
meddwl am yr hyn mae'n ei ddweud.

Tad   Dim ar unrhyw gyfrif!

Mab   O leiaf rhowch gyfle iddo.

Merch   Rwy'n cytuno gyda dad! Pwy mae hwn yn feddwl yw e,
nid yn unig yn dweud wrthym sut mae byw
ond yn honni maddau pechodau?
Roeddwn i'n meddwl mai dim ond Duw all wneud hynny.

Mam   Ond oddi wrth Dduw mae hwn yn dod –
yr un y buom yn disgwyl amdano ers blynyddoedd.

Tad   Callia fenyw! Twyllwr yw ef, y diafol dan glogyn.

Mab   Wow, mae hynny braidd yn gryf!

Tad	Dim digon cryf! Rydym wedi gweld gormod o'r math yma o gwmpas, ac edrychwch lle'r ydym ni nawr.
Mab	Ond mae'r dyn yma'n wahanol.
	Mae'n siarad synnwyr ac yn gwneud Duw'n real – o leiaf i mi beth bynnag.
Tad	Hyh! Mae wedi dy droi di.
Mab	Mae wedi newid fy *mywyd*.
Tad	Rwtsh!
Mab	Ydi wir. Rwy'n credu'r hyn maen nhw'n ddweud amdano: ei fod yn Fab Duw.
Tad	Wel, dwyt ti ddim yn fab i mi!
Merch	Rhowch y gorau iddi, bawb!
	Beth sy'n digwydd i ni? Pam ydyn ni'n dadlau?
	Allwn ni ddim cytuno i anghytuno?
Mab	Iawn gen i.
Tad	A minnau,
	ar yr amod na chlywn yr un gair am yr Iesu yma eto.
Mab	Sori dad, ond alla i ddim cuddio'r hyn rwy'n gredu!
	Mae'n rhan ohonof fi, fedrwch chi ddim gweld?
Tad	Na fedra, dim ond gweld ffŵl pengaled wnaf fi.
Mab	Chi'n anghywir.
Tad	Ydw i?
Mab	Ydych.
Tad	Na!
Mab	Ydych!
Merch	Dyma ni'n mynd eto ... Beth oedd hynny a ddywedodd Iesu: nid heddwch ond rhannu?
	Rwy'n dechrau gweld beth yw ystyr hynny bellach.

Gweddi

Rwyt ti, Arglwydd, yn ein galw i fod yn wneuthurwyr heddwch,
i fyw, cyn belled â bod hynny'n bosibl, mewn cynghanedd ag eraill,
ond eto rwyt yn ein rhybuddio am raniadau,
ac am ffydd yn gwahanu pobl.
Helpa ni rhag achosi gwrthdaro dianghenraid
ond hefyd i sefyll yn gadarn pa fo galw am hynny;
i geisio undod, ond nid heddwch ar unrhyw bris,
a dangos i ni'r gwahaniaeth rhwng y ddau. Amen.

Y Wraig a Iachawyd ar y Sabath

Luc 13:10–17

Yr oedd yn dysgu yn un o'r synagogau ar y Saboth. Yr oedd yno wraig
oedd ers deunaw mlynedd yng ngafael ysbryd oedd wedi bod yn ei
gwanychu nes ei bod yn wargrwm ac yn hollol analluog i sefyll yn syth.
Pan welodd Iesu hi galwodd arni, "Wraig, yr wyt wedi dy waredu o'th
wendid." Yna dododd ei ddwylo arni, ac ar unwaith ymunionodd drachefn,
a dechrau gogoneddu Duw. Ond yr oedd arweinydd y synagog yn ddig fod
Iesu wedi iacháu ar y Saboth, ac meddai wrth y dyrfa, "Y mae chwe
diwrnod gwaith; dewch i'ch iacháu ar y dyddiau hynny, ac nid ar y dydd
Saboth." (Luc 13:10–14)

Myfyrdod
Helpodd fi i gerdded yn dalog,
yn llythrennol!
Llwyddais i gerdded â'm pen yn uchel am y tro cyntaf ers blynyddoedd,
a chwrdd â phobl llygad yn llygad –
ac mae'n rhyfeddol.
Ond nid fy nghorff yn unig a ryddhaodd,
ond fy meddwl a'm hysbryd yn ogystal,
oherwydd, heb yn wybod i mi,
roedd y rheiny wedi eu caethiwo hefyd.
Cefais fy ngharcharu
a'm parlysu gan olwg ffals ar fywyd,
fy hunan, y byd a Duw.
Cofiwch, nid fi oedd yr unig un
o bell ffordd.
Cymerwch arweinydd y synagog;
er na allem ni weld,
roedd ef mewn cyflwr gwaeth.
Credwch neu beidio, roedd yn gandryll fod Iesu wedi fy iacháu,
yn wallgo' bost.
Pam?
Am mai'r Sabath oedd hi,
dydd gorffwys.

Chwerthinllyd!
Ond roedd wedi gwylltio'n gacwn,
ac yn argyhoeddedig fod Iesu wedi cyflawni pechod marwol,
ac wedi sarhau Duw.
A dyma'r peth ofnadwy, roedd yn hollol ddiffuant,
a'i ddicter yn real –
dyna i chi drasiedi!
Peidiwch â gadael i hynny ddigwydd i chi.
Beth bynnag fo'ch argyhoeddiadau,
peidiwch â'u rhoi o flaen pobl.
Pa mor gadarn bynnag fo'ch cred,
peidiwch â'i rhoi o flaen Duw.
Ysbryd y ddeddf sy'n bwysig, nid ei llythyren –
collwch chi olwg ar hynny ac fe gollwch y cyfan.
Dadleuwch os mynnwch,
ond mi wn i un peth:
gwelodd Iesu fy angen
a'm rhyddhau.
Beth amdanoch chi?

Gweddi
Crist ein Gwaredwr,
gwared ni rhag troi ein ffydd yn rheolau a rheoliadau,
ac yn fater o ufudd-dod allanol,
a gweithredu yn ôl y llyfr.
Gwarchod ni rhag agweddau anoddefgar ac anhyblyg,
a rhag meddu argyhoeddiadau mawr am bethau bach.
Helpa ni i fwynhau'r rhyddid y buost ti farw drosto,
yn hytrach na gorfodi beichiau ychwanegol
arnom ein hunain ac ar eraill.
Amen.

Y Phariseaid

Luc 14:1, 7–14

Aeth i mewn i dŷ un o arweinwyr y Phariseaid ar y Saboth am bryd o
fwyd; ac yr oeddent hwy â'u llygaid arno… Yna adroddodd ddameg wrth y
gwesteion, wrth iddo sylwi sut yr oeddent yn dewis y seddau anrhydedd:
"Pan wahoddir di gan rywun i wledd briodas, paid â chymryd y lle
anrhydedd, rhag ofn ei fod wedi gwahodd rhywun amlycach na thi … Yn
hytrach, pan wahoddir di, dos a chymer y lle isaf, fel pan ddaw'r
gwahoddwr y dywed wrthyt, 'Gyfaill, tyrd yn uwch'; yna dangosir parch iti
yng ngŵydd dy holl gyd-westeion." (Luc 14:1,7,8,10)

Myfyrdod
(Pedair rhan)

1. Roeddem yn ei wylio'n ofalus,
2. yn edrych a allem ei ddal.
3. A phan dorrodd y Saboth o flaen ein trwynau,
    ac iacháu rhyw hen foi a'r dropsi arno –
    roeddem yn credu ein bod wedi ei ddal,
    a'i amarch tuag at y Gyfraith yn amlwg i bawb.
4. Ond rhywsut, fe sleifiodd allan ohoni
    a throi'r byrddau arnom unwaith yn rhagor.
2. Dylwn fod wedi gweld hyn yn dod, mae'n debyg –
4. gwnaeth hyn droeon o'r blaen –
2. ond fe'n daliwyd yn ddirybudd...
    a gwnaeth i ni edrych fel ffyliaid!
1. Wedi'r cyfan roedd gennym hawl i'r seddau gorau wrth y bwrdd,
    oherwydd rydym yn arweinwyr parchus,
    yn athrawon y Gyfraith,
3. felly, gwneud yr hyn oedd yn ddisgwyliedig wnaethom ni,
    nid bod yn ymhongar na hunandybus oeddem ni.
2. Ond nid felly y gwnaeth Iesu i bethau ymddangos.
1. I'r gwrthwyneb yn hollol.
4. Roeddem ni'n gwybod beth oedd y gêm wrth gwrs,
    nid ein tynnu i lawr begen neu ddwy yn unig,

ond herio popeth yr oeddem wedi'i ddysgu,
a phopeth yr oeddem yn sefyll drosto.

2.   Pa hawl oedd gennym ni, meddai, i benderfynu beth oedd Duw ei eisiau?

4.   Fel pe bai'r blynyddoedd o astudio a dehongli'r gyfraith
wedi bod yn wastraff amser llwyr.

1.   Fel pe bai modd i unrhyw un ymddangos a derbyn ffafr Duw
heb godi bys bach i'w haeddu!

2.   Afresymol!

3.   Mae'n debyg ei fod ef yn credu mai un felly yw e,
fod Duw wedi ei osod uwchlaw pawb ohonom i fynegi ei ddymuniad
a dehongli ei ewyllys.

4.   Wel, gadewch iddo freuddwydio –
fe'i cawn ef yn y diwedd,
a phan ddigwydd hynny, fe fydd yna yfflon o le yma.

2.   Mae'n credu y dylem ni wybod ein lle;
ond fe ddangoswn ni iddo ble mae *e'n* sefyll:
ar groesbren ac mewn bedd.

1.   A rhywsut dwi ddim yn credu y bydd mor fawr wedyn.
Ydych chi?

Gweddi

Dysg ni, Arglwydd, nad ein haeddiant ni
sy'n penderfynu ein lle yn y deyrnas,
ond dy ras di;
ni allwn ni haeddu dy gariad na'th drugaredd,
dim ond eu derbyn gyda diolchgarwch.
Rho i ni, felly, yn ein holl ymwneud, wir ostyngeiddrwydd;
y ddawn i roi hunan yn olaf,
eraill wedyn,
a'r flaenoriaeth i ti.
Amen.

Mair, Mam Iesu

Luc 14:25–33

Yr oedd tyrfaoedd niferus yn teithio gydag ef, a throes a dweud wrthynt,
"Os daw rhywun ataf fi heb gasáu ei dad ei hun, a'i fam a'i wraig a'i blant
a'i frodyr a'i chwiorydd, a hyd yn oed ei fywyd ei hun, ni all fod yn
ddisgybl imi." (Luc 14:25–26)

Myfyrdod
'Casáu tad a mam'!
Beth yw ystyr hynny?
Oherwydd nid yw'n fy nghasáu i mae hynny'n sicr.
Mae'n ymddangos yn swrth weithiau,
oer hyd yn oed,
a hynny am ei fod wedi ymgolli ym meichiau gweinidogaeth –
y pwysau,
y gofynion,
y gost –
ond mae'n poeni am fy lles i,
yn llawn cymaint ag unrhyw fab arall sy'n poeni am ei fam,
a mwy na hynny, hyd yn oed.
Felly, beth yw'r holl siarad dychrynllyd yma?
Dydw i ddim yn deall.
Ond arhoswch funud...
efallai fy mod i...
oherwydd gwelodd Joseff a minnau o'r dyddiau cynharaf na allai dim –
dim o gwbl –
ei dynnu oddi wrth ei alwad;
ac os deuai'n ddewis rhyngom ni a Duw,
wel Duw fyddai'n cael y flaenoriaeth bob tro.
Ni fyddai'n ein gwrthwynebu os gallai beidio,
ac ni fyddai byth yn achos anhapusrwydd i ni,
ond pe safem ni, neu unrhyw un arall, yn ffordd y gwirionedd,
a'r hyn y credai ef yr oedd yn rhaid ei wneud,
yna safai yntau yn gadarn, doed a ddelo.
Dyna yw ystyr ei eiriau, siŵr o fod:

nid y dylem gasáu neb,
ond y dylem garu Duw uwchlaw pawb,
a rhoi'r flaenoriaeth iddo dros ein hanwyliaid,
pe bai eu gwasanaethu *hwy* yn golygu ei fradychu *ef.*
Mae'n gwestiwn o flaenoriaethau,
lle mae'n teyrngarwch ni'n gorwedd,
a phe'n profir ni, Duw a'n gwaredo,
a gymerwn y llwybr hawdd,
neu'r llwybr anodd.

Gweddi
Dysg ni, Arglwydd, i garu eraill,
i geisio daioni i bawb sy'n annwyl i ni,
ond peidio â'u gosod o'th flaen di.
Helpa ni i fod yn driw yn ein perthynas ag eraill,
ond i allu adnabod pan fydd yn rhaid i ni ddewis rhyngddynt,
rhag i ni yn y pen draw fradychu pawb.
Amen.

Ysgrifennydd

Luc 15:1–10

Yr oedd yr holl gasglwyr trethi a'r pechaduriaid yn nesáu ato i wrando arno. Ond yr oedd y Phariseaid a'r ysgrifenyddion yn grwgnach ymhlith ei gilydd, gan ddweud, "Y mae hwn yn croesawu pechaduriaid ac yn cydfwyta gyda hwy." A dywedodd ef y ddameg hon wrthynt: "…bwriwch fod gan wraig ddeg darn arian, a digwydd iddi golli un darn; onid yw hi'n cynnau cannwyll ac yn ysgubo'r tŷ ac yn chwilio'n ddyfal nes dod o hyd iddo? Ac wedi dod o hyd iddo, y mae'n gwahodd ei chyfeillesau a'i chymdogion ynghyd, gan ddweud, 'Llawenhewch gyda mi, oherwydd yr wyf wedi cael hyd i'r darn arian a gollais.' Yr un modd, rwy'n dweud wrthych, y mae llawenydd ymhlith angylion Duw am un pechadur sy'n edifarhau." (Luc 15:1–3, 8–10)

Myfyrdod

Mae'n iawn chi'n gwybod,
mewn un peth o leiaf.
Gollyngais ddarn arian fy hun y dydd o'r blaen,
dim ond un denariws, ac yn werth nesaf peth i ddim,
eto chwiliais a chwiliais ar fy mhedwar am oriau
nes i mi ddod o hyd iddo.
Arian oedd hwnnw, er hynny.
Mae'n wahanol gyda phobl,
am y rheswm iddynt ddewis bod ar goll
a gallant ddewis cael eu darganfod.
Peidiwch â rhoi'r hen stori ddagreuol yna i mi.
Maen nhw'n gwybod beth yw'r sefyllfa,
beth sy'n iawn a beth sy'n anghywir;
mae'n ddigon clir i bawb yn y gorchmynion,
ac os ydynt yn dewis eu hanwybyddu,
yna fe gânt eu haeddiant.
O, gallant wneud yn iawn am eu troseddau… mewn egwyddor –
derbyn eu cosb ac ailddechrau –
ond allwch chi ddychmygu unrhyw un yn newid?
Alla i ddim.

Na, mae rhai pobl y tu hwnt i bob achubiaeth,
yn anadferadwy,
ac eto dyna i chi Iesu'n cymysgu gyda phobl yr ymylon
heb unrhyw awgrym o gywilydd,
ac awgrymu fod gan Dduw amser iddynt er nad oedd gennym ni.
Mae'n meddwl yn dda, rwy'n siŵr,
ond mae'n ymddangos mor ddiniwed,
mor hygoelus,
os yw'n credu mai'r unig beth sydd ei angen er mwyn derbyn maddeuant
Duw
yw edifarhau.
A yw'n credu fod y nefoedd yn agored i *bawb*,
a mynediad yno nid ar sail haeddiant ond drwy ras Duw?
Wel, criw brith iawn a welech chi yno felly!
Mi ddyweda i hyn;
os yw'n iawn, welwch chi mohonof i yno'n sicr...
Beth ddywedoch chi?
Allech chi ddim bod wedi ei roi yn well eich hunan?
Dewis bod ar goll?
Nawr arhoswch chi funud fach!

Gweddi
Diolch, Arglwydd, am chwilio amdanom
pan awn ar goll,
am chwilio hyd nes ein cael;
a beth bynnag fo'n camgymeriadau,
a nifer ein methiannau,
rwyt ti'n dal i chwilio amdanom,
gan fod pawb ohonom yn werthfawr yn dy olwg di.
Helpa ni i sylweddoli aruthredd dy gariad,
a maint dy drugaredd.
Helpa ni i dderbyn dy faddeuant rhad,
a thrwy dy ras ddechrau o'r newydd,
wedi'n hadfer,
ein gwaredu,
a'n hadnewyddu.
Amen.

Cristion Cyfoes

Luc 16:1–13

"Y mae rhywun sy'n gywir yn y pethau lleiaf yn gywir yn y pethau mawr hefyd, a'r un sy'n anonest yn y pethau lleiaf yn anonest yn y pethau mawr hefyd. Gan hynny, os na fuoch yn gywir wrth drin y Mamon anonest, pwy a ymddiriedia i chwi y gwir olud? Ac os na fuoch yn gywir wrth drin eiddo pobl eraill, pwy a rydd i chwi eich eiddo eich hunain? Ni all unrhyw was wasanaethu dau feistr; oherwydd bydd un ai'n casáu'r naill ac yn caru'r llall, neu'n deyrngar i'r naill ac yn dirmygu'r llall. Ni allwch wasanaethu Duw a Mamon." (Luc 16:10–13)

Myfyrdod
Be' mae'n feddwl, 'Mamon anonest'?
Mae'n palu yn y cae anghywir,
oherwydd rwyf wedi ennill fy arian yn onest,
ac yn gyfreithlon.
Ond nid yw mor syml â hynny nac ydi,
oherwydd pwy all ddweud pa weithgaredd a ariannwyd,
pa wasanaethau a brynwyd,
faint o ddwylo seimllyd a ddefnyddiwyd,
sawl cam a gyfrannodd tuag atynt?
Hwyrach fod yr arian yn fy mhoced yn ymddangos yn ddigon diniwed,
eto mae'n beth peryglus,
ac fe ddylid ei ddefnyddio'n ofalus,
gan y gall droi'n wreiddyn y drwg
o'i garu'n ormodol.
Ac wrth i mi feddwl am eiriau Iesu –
meddwl yn iawn –
sylweddolais mai dyna rwy'n ei wneud,
oherwydd teimlais yn anghyfforddus,
wrth geisio glastwreiddio,
ac osgoi'r hyn
nad oeddwn yn dymuno'i glywed.
Soniaf am ddefnyddio fy arian yn ddoeth,
a rhoi i'r anghenus,

ond, gan amlaf, mae fy elusen yn cychwyn gartref...
ac yn aros yno.
Soniaf am fasnach deg,
buddsoddi cyfiawn,
ond siarad yw hynny i gyd fel arfer.
Fel yr awgrymodd Iesu, dro ar ôl tro ceisiaf wasanaethu dau feistr,
a phan yw'r ddau'n gwrthdaro does dim amheuaeth pwy sy'n ennill.
Hwyrach mod i'n *cael* fy arian yn deg,
ond a ydw i'n ei *ddefnyddio'n* deg?
Dyna'r cwestiwn.
Mae'r cyntaf yn hawdd.
Dydy'r ail ddim yn hawdd o gwbl.

Gweddi
Maddau i ni, Arglwydd,
oherwydd rydym yn rhan o fyd annheg ac anghyfiawn,
byd lle mae gennym ddigon ar draul eraill.
Helpa ni i wneud yr hyn a allwn i unioni'r cam,
nid drwy gyfrannu i elusennau'n unig,
ond drwy ddefnyddio'n harian yn ddoeth
fel ei fod yn cyfrannu at newid.
Er bod materion economaidd yn gymhleth,
gwared ni rhag cuddio y tu ôl iddynt,
a rhag credu y gallwn gael y gorau o ddau fyd
drwy wasanaethu'r *hunan* yn ogystal â thi.
Amen.

Un o Wrandawyr
Dameg y Pharisead a'r Casglwr Trethi

Luc 18:9–14

"Ond yr oedd y casglwr trethi yn sefyll ymhell i ffwrdd, heb geisio cymaint
â chodi ei lygaid tua'r nef; yr oedd yn curo ei fron gan ddweud, 'O Dduw,
bydd drugarog wrthyf fi, bechadur.' Rwy'n dweud wrthych, dyma'r un a
aeth adref wedi ei gyfiawnhau, nid y llall." (Luc 18:13–14a)

Myfyrdod

A oedd cri'r casglwr trethi yna'n weddi hyd yn oed?
Meddyliwch am y peth:
gwrthododd nesáu at Dduw,
ni allai edrych i gyfeiriad y nefoedd
am fod ei ymdeimlad o annheilyngdod mor fawr –
a'i euogrwydd a'i gywilydd mor ddwfn.
Peidiwch â gofyn i mi beth oedd achos hyn,
ond yn sicr nid oedd yn rhywbeth i ymfalchïo ynddo,
a gwyddai'r dyn hynny'n iawn.
Mewn cymhariaeth, mae'n wir fod y Pharisead wedi bod braidd yn
hunangyfiawn,
smyg hyd yn oed,
ond chwarae teg,
roedd wedi ufuddhau i lythyren y ddeddf,
a thalai sylw i bob manylyn.
Allwch chi ddisgwyl mwy na hynny?
Dywedwch wrtha i, o gael y dewis,
â phwy fyddech chi wedi cadw cwmni?
I bwy fyddech chi wedi ymddiried eich arian,
eich plant,
eich bywyd?
Oes angen i mi ofyn?
O! mae gan y Phariseaid eu beiau heb os nac oni bai,
ond ni allwch wadu eu hymroddiad
a'u cywirdeb –
yn bobl barchus fel chi a fi.

Felly, beth oedd ar feddwl Iesu'n adrodd stori fel yna?

Wir i chi, mae'n sicr o roi enw drwg i grefydd o siarad fel yna,

a rhyw awgrymu y gallai'n holl ddyletswyddau a'n defosiwn crefyddol fod yn werth llai

nag un gri o'r galon.

Does bosib ei fod ef o bawb yn credu hynny?

Tybed?

Gweddi

Arglwydd Iesu Grist,

maddau i ni am dy siomi mor aml,

am fradychu a gwadu dy gariad.

Cyfaddefwn ein bod yn wan, ystyfnig, balch a ffôl,

yn ffals ac yn brin o ffydd mewn cymaint o bethau.

Glanha ni o'n beiau.

Trugarha wrthym, O Arglwydd,

trugarha wrthym oll.

Amen.

Aelod o Synagog Nasareth

Luc 4:16–24

Daeth i Nasareth, lle yr oedd wedi ei fagu. Yn ôl ei arfer aeth i'r synagog ar y dydd Saboth, a chododd i ddarllen. Rhoddwyd iddo lyfr y proffwyd Eseia, ac agorodd y sgrôl a chael y man lle'r oedd yn ysgrifenedig: "Y mae Ysbryd yr Arglwydd arnaf, oherwydd iddo f'eneinio i bregethu'r newydd da i dlodion. Y mae wedi f'anfon i gyhoeddi rhyddhad i garcharorion, ac adferiad golwg i ddeillion, i beri i'r gorthrymedig gerdded yn rhydd, i gyhoeddi blwyddyn ffafr yr Arglwydd." Wedi cau'r sgrôl a'i rhoi'n ôl i'r swyddog, fe eisteddodd; ac yr oedd llygaid pawb yn y synagog yn syllu arno. A'i eiriau cyntaf wrthynt oedd: "Heddiw yn eich clyw chwi y mae'r Ysgrythur hon wedi ei chyflawni." (Luc 4:16–21)

Myfyrdod
Gwnaeth argraff arnom i ddechrau.
Na, wir i chi, fe wnaeth,
oherwydd roedd wedi darllen mor hyfryd, mor deimladwy,
ac fe gafodd wrandawiad astud,
a rhyfeddodd pawb at ei garisma.
Ond yna dyma'r honiad rhyfeddaf –
ynglŷn â'r Ysgrythur yn cael ei chyflawni yn ein clyw –
a newidiodd yr awyrgylch yn llwyr.
Pwy wyt ti'n meddwl wyt ti'n ei dwyllo, meddyliem!
Gwyddom pwy wyt ti:
mab Joseff, wedi dy fagu ar strydoedd Nasareth,
cyffredin iawn fel ninnau.
A dyna pa bryd y troesom arno,
a'i ymlid allan o'r dref;
rwy'n gwrido nawr wrth feddwl am y peth,
oherwydd roeddem yn *anghywir*;
ac ef oedd yn *iawn*.
Chi'n gweld, dilynais ei weinidogaeth wedi hynny,
o'r dechrau i'r diwedd,
ac rwyf wedi dod i gydnabod fod ei fywyd,
ei farwolaeth, ei atgyfodiad,
wedi cyflawni geiriau'r proffwydi ac addewidion Duw,

yn union fel y dywedodd.
Mae popeth a ddywedodd yn crynhoi'r Gyfraith a'r proffwydi,
gobaith ein pobl –
nid dim ond rhyw adnod fach fan hyn a fan draw,
neu ambell i bennod hwnt ac yma,
ond yr holl Ysgrythur –
mae ei hystyr wedi ei amlygu ynddo ef.
Arweiniwyd ef fel oen i'r lladdfa,
a'i dorri o dir y rhai byw,
a'i daro am ein troseddau,
rhoddwyd ei fywyd yn offrwm am ein pechodau,
a gallwn fynd ymlaen ac ymlaen,
ymlaen... ac ymlaen...
dro ar ôl tro roedd pethau'n digwydd fel y rhagfynegwyd,
i lawr at y manylyn lleiaf.
Yn y synagog ar y dechrau daeth â'r geiriau'n fyw,
oherwydd roeddent yn siarad amdano *ef.*
Yn wir, cyflawnwyd yr Ysgrythur yn ein clyw,
a chredwch fi,
beth bynnag fo'r adran a ddarllenwch,
mae'n llawn mor wir,
fod gair Duw wedi ei amlygu yng Nghrist –
i mi, i chi, ac i bawb.

Gweddi
Diolch i ti, Arglwydd, fod yr hen air eto'n fyw,
a'i fod yn parhau i lefaru wrthym mor rymus ag erioed,
yn herio, yn dysgu, yn galluogi ac yn ysbrydoli.
Diolch fod yr addewidion a roddaist i'th bobl
wedi'u gwireddu yng Nghrist –
fod dy gariad wedi ei fynegi drwyddo,
a'th ffyddlondeb a'th ras wedi eu datguddio.
Diolchwn y gallwn ninnau yn ein tro edrych ymlaen mewn ffydd,
yn hyderus y daw popeth a ddywedaist yn wir.
Dysg ni, felly, i astudio'r Ysgrythurau,
ac yn yr hyn a ddarllenwn dy gyfarfod di.
Llefara dy air a helpa ni i glywed dy lais.
Amen.

Cristion yn yr Eglwys Fore (Gŵyl yr Holl Saint)

Luc 6:20–31

"Ond wrthych chwi sy'n gwrando rwy'n dweud: carwch eich gelynion, gwnewch ddaioni i'r rhai sy'n eich casáu, bendithiwch y rhai sy'n eich melltithio, gweddïwch dros y rhai sy'n eich cam-drin. Pan fydd rhywun yn dy daro di ar dy foch, cynigia'r llall iddo hefyd; pan fydd un yn cymryd dy fantell, paid â'i rwystro rhag cymryd dy grys hefyd. Rho i bawb sy'n gofyn gennyt, ac os bydd rhywun yn cymryd dy eiddo, paid â gofyn amdano'n ôl." (Luc 6:27–30)

Myfyrdod
Carwch eich gelynion?
Cynnig y foch arall?
Rhowch heb gyfri'r gost?
Faint sy'n medru gwneud hynny, rwy'n gofyn i chi?
Allwn i ddim.
Ac eto gwelais lawer yn gwneud hynny a llawer mwy,
troi cefn ar y byd hwn a'i gysuron,
ymestyn allan at y sawl sy'n eu herlid,
yn wyneb casineb yn caru,
ac yn wyneb drygioni yn gweithredu daioni.
Steffan,
Pedr,
Andreas,
Iago –
a llawer eraill tebyg iddynt,
yn rhoi eu gwasanaeth,
eu bywydau,
y cyfan
er mwyn Crist.
Iawn, efallai bod eu storïau wedi eu haddurno,
neb ohonynt mor ddi-fai â'r darlun a gawn ohonynt,
eto, er hynny, mae eu bywydau yn codi cywilydd arnaf,
drwy ddangos ffydd na allaf fi ond breuddwydio amdani,
a'u hymroddiad yn amlygu pa mor arwynebol yw fy mywyd i.

Sut y llwyddon nhw i wneud hyn?
Drwy ewyllys gadarn,
neu ryw ddaioni cynhenid?
Na.
Un peth yn unig,
adnabod a charu Iesu o ddyfnder eu calonnau.
Dyna gyfrinach eu nerth:
nid rhyw nodwedd enetig,
ond yr un y ceision nhw ddilyn ei esiampl,
yr un a roddodd ei hun drostynt,
gan ddangos beth yw gwir ystyr caru, gofalu a rhoi.
Parchwn hwynt fel merthyron,
saint Duw,
ond byddent hwy'n synnu at hynny,
oherwydd iddynt hwy nid oedd yn fwy na thalu'n ôl i'r hwn a roddodd
fwy.
Do, fe aberthon nhw lawer,
ond os wyf fi yn cael trafferth i ddeall pam,
ac i adnabod yr un y gwnaethant hyn drosto,
yna nid y *nhw* sydd ar eu colled...
ond *fi*.

Gweddi
Llefara, Arglwydd,
drwy'r sawl a redodd yr yrfa o'n blaen,
y rhai a gadwodd y ffydd hyd y diwedd.
Llefara'n arbennig drwy'r sawl y cofiwn amdanynt heddiw,
sy'n esiamplau o ddewrder ac ymroddiad anghyffredin.
Ysbrydola ni drwy eu cariad tuag atat,
a'u parodrwydd i godi'r groes.
Helpa ninnau yn ein tro i'th ddilyn yn ffyddlonach,
dy garu'n ddyfnach
a'th anrhydeddu'n llawnach.
Amen.

Sacheus

Luc 19:1–10

Ond safodd Sacheus yno, ac meddai wrth yr Arglwydd, "Dyma hanner fy eiddo, syr, yn rhodd i'r tlodion; os mynnais arian ar gam gan neb, fe'i talaf yn ôl bedair gwaith." "Heddiw," meddai Iesu wrtho, "daeth iachawdwriaeth i'r tŷ hwn, oherwydd mab i Abraham yw'r gŵr hwn yntau. Daeth Mab y Dyn i geisio ac i achub y colledig." (Luc 19:8–10)

Myfyrdod
Doedd hi ddim yn ddigon i ymddiheuro –
a chydnabod i mi wneud camgymeriadau.
Mae geiriau'n rhad,
ac yn cyfrif am ddim, er mor flodeuog ydynt.
Roedd angen i mi wneud mwy,
i ddangos fy mod o ddifrif,
ac felly,
yn y fan a'r lle,
cynigiais iddo hanner fy eiddo i'r tlodion
ac i ad-dalu pawb a dwyllais:
nid yr hyn oedd arna i'n unig
ond bedair gwaith mwy.
Hael iawn rwy'n siŵr y cytunwch?
Byrbwyll?
Dros ben llestri?
Efallai.
Ond doedd hynny'n ddim i'w gymharu â'r cyfoeth a gefais yn Iesu,
y llawenydd o gael fy ngharu a'm derbyn fel yr oeddwn
a chael cyfle i ddechrau o'r newydd.
Byddwn wedi aberthu popeth am hynny,
ac yma fe'i cynigiwyd i mi'n rhad,
heb hawlio dim,
heb ddisgwyl dim –
dim ond ei dderbyn.
Ni allwn ad-dalu'r fath rodd,
heb sôn am ei haeddu,

a wnes i ddim meddwl am wneud hynny –
doedd y cynnig a wnes ddim yn ymgais ar fy rhan i setlo dyledion,
dim ond ymgais i ddiolch ac ymddiheuro yr un pryd:
mynegi'r hyn yr oeddwn yn ei deimlo, nid mewn geiriau'n unig
ond mewn gweithredoedd.

Gweddi

Maddau i ni, Arglwydd,
am ymddiheuro i ti ac i eraill
heb feddwl yr un gair,
a'n bywydau'n bradychu'n gweithredoedd.
Er na allwn ni ennill dy faddeuant,
heb sôn am ei haeddu,
gwna ni'n ddiffuant yn ein hedifeirwch,
drwy fod y cyfan yn codi o'n hawydd gwirioneddol i newid,
ac i ddangos ein diolchgarwch am dy drugaredd diderfyn
drwy wneud yn iawn ym mhob cyfle a gawn.
Amen.

Un o'r Milwyr a Groeshoeliodd Iesu

Luc 23: 33–43

Daeth y milwyr hefyd ato a'i watwar, gan gynnig gwin sur iddo, a chan
ddweud, "Os ti yw Brenin yr Iddewon, achub dy hun." (Luc 23:36–37)

Myfyrdod
Beth oedd yr holl sôn yna am frenin?
Nid oedd yn edrych yn frenhinol i mi,
yn hongian yno ar groes,
a choron ddrain wedi ei gwasgu ar ei ben.
Ac eto, o'n blaen,
wedi'i ysgrifennu mewn llythrennau bras uwch ei ben:
'Hwn yw Brenin yr Iddewon.'
Jôc wael, meddem ni,
ffordd Pilat o ddangos i genedl falch pwy oedd wrth y llyw.
A digon da hefyd,
oherwydd roeddent yn cynllwynio rhywbeth neu'i gilydd byth a hefyd,
yn benderfynol o greu trafferth i ni.
Ond y tro hwn, yn rhyfedd iawn, *nhw* oedd yn ei wawdio,
nid *ni*,
yn gweiddi ac yn melltithio yn llawer iawn gwaeth na ni.
Beth bynnag oedd yr orsedd oedd ganddo mewn golwg,
doedden nhw ddim yn ei chydnabod,
neb ohonynt ar wahân i ryw ddyrnaid bach.
Felly, dyma ymuno yn yr hwyl,
wrth ein boddau fod y dorf am unwaith o'n plaid.
Ond erbyn hyn rwy'n difaru,
oherwydd roedd yna rywbeth rhyfedd yn y ffordd yr oedd yn hongian yno,
y ffordd y dioddefodd a marw.
Dim o'r hen hunandosturi yna.
Dim cri am drugaredd na dialedd.
Dim ond rhyw urddas anesboniadwy hyd yn oed wrth grynu yn ei ing...
a phan siaradodd,
dim ond geiriau o faddeuant,
ac o gariad;

yn wir roedd yna ryw dinc o fuddugoliaeth,
ac awgrym, er ein grym, mai ef oedd wrth y llyw.
Achubodd eraill, meddai rhai –
pam nad achubodd ei hunan?
Ond yna, beth fyddai gwir frenin wedi ei roi'n gyntaf:
ei orsedd,
neu ei ddeiliaid?
Gwnaeth i mi feddwl, mae'n rhaid i mi gyfaddef –
hwyrach mai brenin *ydoedd*, wedi'r cyfan.
Sut, does gen i ddim syniad,
ond dywedaf hyn,
os bwriadwyd y geiriau 'Brenin yr Iddewon' fel jôc,
arnom ni roedd hi,
oherwydd mewn rhyw ffordd ryfedd a digamsyniol,
ef oedd yn chwerthin yn y diwedd.

Gweddi
Arglwydd yr Arglwyddi, Brenin y Brenhinoedd,
dysg i ni dy anrhydeddu
drwy fyw yn ôl gwerthoedd dy deyrnas:
dy wasanaethu drwy wasanaethu eraill,
dy garu drwy garu eraill,
rhoi i ti drwy roi i eraill.
Tyrd i'n calonnau,
ein bywydau,
ein byd,
a theyrnasa yn ein plith.
Amen.

Y Diafol

Luc 4:1–13

Ac ar ôl iddo ei demtio ym mhob modd, ymadawodd y diafol ag ef, gan
aros ei gyfle. (Luc 4:13)

Myfyrdod
Rhoddais y gorau iddi yn y pen draw;
ofer fyddai dal ati,
a'm holl ymdrechion yn wastraff amser llwyr.
Gallwn geisio faint a fynnwn,
ond doedd dim gobaith darbwyllo hwn,
hyd yn oed pe bawn wedi aros yn yr anialwch am byth.
Defnyddiais fy hen driciau i gyd –
addo cysur materol,
gogoniant daearol,
gofal dwyfol –
ond gwelodd trwof bob tro,
gan ymroi yn fwy byth i'r llwybr a ddewisodd.
Felly gadewais;
wedi'r cyfan,
iacha'i groen yw croen cachgi.
Ond peidiwch â meddwl am eiliad fy mod wedi gorffen gydag ef.
Dim o bell ffordd!
Hwyrach y byddech chi wedi gorffen, efallai,
ond nid fi –
dydw i ddim o'r teip sy'n digalonni wedi methu unwaith.
Na,
tactegol oedd fy symudiad i,
cefnu dros dro,
er mwyn ystyried y dewisiadau,
gwneud cynlluniau newydd,
cyn dychwelyd ato.
A choeliwch fi,
daw cyfleoedd eto,
oherwydd mae gennych chi, fodau dynol,

hyd yn oed un mor anghyffredin ag ef,
eich gwendidau,
mannau gwan y gellir manteisio arnynt,
hyd nes i chi ildio.
Ydych chi'n credu ei fod ef yn wahanol?
Wel, cawn weld am hynny.
Arhoswch nes gofynnir iddo ddewis rhwng goroesi ac ildio,
rhwng gofalu am yr hunan,
a dilyn ar ôl ei syniad gwirion am gariad a gwasanaeth.
Wedyn fe gawn weld, un ffordd neu'r llall,
pa un ohonom yw'r cryfaf.

Gweddi
Arglwydd Iesu Grist,
gwyddost beth yw cael dy demtio, yn union fel ni,
ond oherwydd agosrwydd dy berthynas â Duw
sefaist yn gadarn bob amser,
gan ymwrthod â phopeth a geisiai dy ddenu o'th fwriadau.
Rho nerth i ninnau i wrthsefyll ein temtasiynau,
ac ymwrthod â phopeth sydd yn ein denu ar gyfeiliorn.
Helpa ni i'th adnabod ac i ymhyfrydu yn dy ffyrdd,
ac os digwydd i ni grwydro,
yn dy ras, tyn ni yn ôl atat ti.
Amen.

Mair Magdalen

Luc 13:31–35

"Jerwsalem, Jerwsalem, tydi sy'n lladd y proffwydi ac yn llabyddio'r rhai a anfonwyd atat, mor aml y dymunais gasglu dy blant ynghyd, fel y mae iâr yn casglu ei chywion dan ei hadenydd, ond gwrthod a wnaethoch." (Luc 13:34)

Myfyrdod
Wedi clywed ei eiriau yn Jerwsalem
sylweddolais cymaint ei ofal trosom,
oherwydd roedd tristwch yn ei lais,
poen,
ac ing.
Nid smalio oedd hyn
er mwyn ceisio creu argraff.
Roedd wedi ei ymrwymo ei hun yn llwyr i ni,
a'i galon yn dyheu am i bawb gael sylweddoli ei gariad,
blasu ei fendith
a phrofi ei lawenydd.
Ond er ei fod yn dyheu am ein cofleidio,
fel y mae mam yn magu ei phlentyn,
ac iâr yn casglu ei chywion,
ni roddodd orfodaeth ar neb i'w dderbyn –
a pharchodd eu hawl i wrthod –
ac yn wir felly y bu hi, gwaetha'r modd, yn hanes llawer ohonynt,
am iddynt fethu sylweddoli ystyr ei neges
a phwrpas ei ddyfodiad.
Ond, er hynny, daliodd ati,
yn benderfynol hyd y diwedd,
a gwrthododd ganiatáu i gasineb a gwrthodiad
effeithio dim ar faint ei gariad.
Ond er iddo roi'r cyfan trosom ni,
gwrthod gwrando oedd ein hanes.
Mae wedi atgyfodi erbyn hyn,
wedi concro marwolaeth a'i ddyrchafu,

118

ond peidied neb â chredu am un eiliad
ei fod yn bell oddi wrthym
ac yn ddi-hid o'n hanghenion.
Mae ei gariad yn llosgi mor eirias ag erioed –
er eich mwyn chi,
er fy mwyn i,
ac er mwyn pawb –
ymatebwn...
a derbyniwn.

Gweddi
Crist ein Gwaredwr,
diolch fod gennyt ddiddordeb ynom,
a'th fod yn poeni am ein lles.
Diolchwn i ti, beth bynnag a wnawn,
nad wyt yn peidio â'n caru;
er i ni geisio dy wthio oddi wrthym
rwyt ti'n dal i ymestyn allan atom,
ac yn dyheu am ein croesawu a'n cofleidio.
Helpa ni i ddeall dyfnder dy ymroddiad,
a derbyn y fendith yr wyt ti mor awyddus i'w rhoi.
Amen.

Tirfeddiannwr

Luc 13:1–9

Adroddodd y ddameg hon: "Yr oedd gan rywun ffigysbren wedi ei blannu
yn ei winllan. Daeth i chwilio am ffrwyth arno, ac ni chafodd ddim. Ac
meddai wrth y gwinllannydd, 'Ers tair blynedd bellach yr wyf wedi bod yn
dod i geisio ffrwyth ar y ffigysbren hwn, a heb gael dim. Am hynny tor ef i
lawr; pam y caiff dynnu maeth o'r pridd?' Ond atebodd ef, 'Meistr, gad
iddo eleni eto, imi balu o'i gwmpas a'i wrteithio. Ac os daw â ffrwyth y
flwyddyn nesaf, popeth yn iawn; onid e, cei ei dorri i lawr."
(Luc 13:6–9)

Myfyrdod
Roedd gen *i* ffigysbren unwaith,
a wyddoch chi beth:
cefais wared ohono.
Roedd yn union fel yr un yn y ddameg,
yn ddiffrwyth,
heb awgrym o ddim hyd yn oed,
felly gofynnais i'r garddwr ei dorri
a phlannu un arall yn ei le.
A ddylwn i fod wedi aros, efallai?
Rhoi ychydig mwy o amser iddo?
Efallai,
ond rwy'n tybio mai yn yr unfan y byddwn i,
yn disgwyl yn ofer am y cnwd cyntaf.
Ond fe ddisgwyliwn ni ganlyniadau sydyn,
rhywbeth i'w ddangos am ein hymdrechion,
a phan yw'r rheiny'n peidio â dod fe gollwn ein hamynedd –
a gydag amser, rhown y gorau iddi.
Nid felly gydag Iesu.
Er i ni ei siomi dro ar ôl tro,
mae'n dal ati,
a gwrthod ein diystyru.
Er i ni addo cymaint, a rhoi dim,
mae'n dal i faddau,

a chynnig cyfle newydd.
A yw'ch ffydd mor ffrwythlon ag y dylai fod?
Nid yw fy ffydd i,
o bell ffordd –
bron yn ddiffrwyth a dweud y gwir.
Eto mae geiriau Iesu'n codi fy nghalon;
er i *mi* ildio a chredu na fydd dim yn newid,
nid yw *ef* yn gwneud hynny.

Gweddi

Arglwydd grasol,
anobeithiwn amdanom ein hunain weithiau,
oherwydd fe'th siomwn mor aml;
yn ein ffolineb a'n gwrthryfel fe ddiystyrwn dy ewyllys.
Diolch i ti am beidio ag anobeithio amdanom ni
ac am dy amynedd tuag atom wrth faddau ein diffygion,
a rhoi cyfle newydd i ni ailddechrau.
Helpa ni i dyfu mewn ffydd, cariad ac ymroddiad,
fel y bydd i ni o'r diwedd ddwyn ffrwyth i ti.
Amen.

Mam yn gwrando ar Ddameg y Mab Colledig

Luc 15:1–3, 11b–32

"'Fy mhlentyn,' meddai'r tad wrtho, 'yr wyt ti bob amser gyda mi, ac y mae'r cwbl sydd gennyf yn eiddo i ti. Yr oedd yn rhaid gwledda a llawenhau, oherwydd yr oedd hwn, dy frawd, wedi marw, a daeth yn fyw; yr oedd ar goll, a chafwyd hyd iddo."
(Luc 15:31–32)

Myfyrdod
Pwy fyddai wedi fy siomi i fwyaf:
y mab a ddychwelodd
neu'r un a arhosodd gartref?
Hym! Mae'n anodd,
oherwydd roedd gan y ddau eu beiau,
y cyntaf yn wyllt a thrachwantus,
a'r ail fel cadach llestri –
mae'n anodd brolio'r naill na'r llall.
I ddechrau, ochrais gyda'r mab 'cydwybodol' –
wedi'r cyfan, wnaeth *ef* ddim gwastraffu ei etifeddiaeth,
a'i ddiraddio ei hunan drwy fyw'n afradlon;
ond chwarae teg i'r mab ieuengaf:
roedd ganddo'r gostyngeiddrwydd i gydnabod ei gamgymeriadau
a digon o barch tuag at ei dad
i gredu y byddai'n ei groesawu'n ôl,
pe bai ond fel gwas.
Mae'n gofyn tipyn i rywun lyncu'i falchder,
syrthio ar ei fai,
a sefyll i wynebu'r canlyniadau.
Ar y llaw arall, *ymddangosai'r* mab hynaf yn fwy ffyddlon,
ond daliai i gredu fod rhywun mewn dyled iddo;
roedd ei gariad a'i deyrngarwch yn amodol,
a disgwyliai ei wobr am ymddygiad da.
Stori yw hi, rwy'n cydnabod hynny,
ond fel pob stori arall o eiddo Iesu, mae'n hawlio ystyriaeth ddwys,
oherwydd bod ynddi neges y mae angen i ni ei dysgu.

Gwnaethoch gamgymeriad os ydych yn credu eich bod yn hawlio ffafr
Duw.
Os ydych yn cydnabod eich annheilyngdod,
rydych wedi cyrraedd hanner y ffordd i'w dderbyn.
Dyna'r neges:
er nad ydym yn haeddu dim,
pleser Duw yw rhoi.
Carwch ef, felly, er mwyn y llawenydd o wneud,
nid er mwyn unrhyw beth a dderbyniwch.
Cydnabyddwch eich beiau a derbyniwch faddeuant
yn hytrach na'i warafun i eraill.
Mae pawb ohonom yn ei siomi mewn rhyw ffordd neu'i gilydd, dro ar ôl
tro,
ond fel y gwelsom ninnau droeon
nid yw *ef* yn ein siomi *ni*.

Gweddi

Diolch iti, Arglwydd, am dy gariad rhad,
a hynny ar waetha'n gwrthodiad ni.
Diolch am gariad sy'n parhau er ein bradychu ni,
a chariad a estynnir o hyd ac o hyd er i ni ei anwybyddu.
Maddau fod amodau i'n cariad ni tuag atat ti,
mae'n gariad claear ac yn ddibynnol ar amgylchiadau.
Dysg i ni ymateb i ti heb ystyried y wobr,
i roi nid er mwyn derbyn,
ond yn hytrach er mwyn yr hyn y gallwn ei roi yn ôl i ti,
a roddodd gymaint i bawb.
Amen.

Jwdas Iscariot

Ioan 12:1–8

A dyma Jwdas Iscariot, un o'i ddisgyblion, yr un oedd yn mynd i'w fradychu, yn dweud, "Pam na werthwyd yr ennaint hwn am dri chant o ddarnau arian, a'i roi i'r tlodion?" Ond fe ddywedodd hyn, nid am fod gofal ganddo am y tlodion, ond am mai lleidr ydoedd, yn cymryd o'r cyfraniadau yn y god arian oedd yn ei ofal. (Ioan 12:4–6)

Myfyrdod
Iawn, roedd gennyf gymhellion cymysg,
poenwn fwy am fy mhoced nag am anghenion y tlawd,
ond roedd gen i bwynt, does bosib na fedrwch roi hynny i mi.
Cofiwch, roedd ennaint Mair yn stwff drud iawn,
nid gwerth cyflog diwrnod neu ddau,
ond byddai'n rhaid i chi gynilo am wythnosau os nad misoedd
i fedru'i fforddio.
Meddyliwch am y gwahaniaeth y gallai fod wedi ei wneud
i fywydau pobl–
y bwyd y gellid bod wedi ei roi ar y bwrdd,
y dillad y gellid bod wedi eu prynu i'r plant –
a dyna lle'r oedd hi yn ei dywallt mewn gweithred sentimental,
a gwastraffu'r cyfan mewn amrantiad.
Roedd yn drosedd,
afradus –
felly roeddwn i'n gweld pethau,
ac os na allai *hi* weld gwell defnydd iddo,
fe allwn i.
Ond yn hytrach na'i cheryddu, fel y disgwyliwn,
trodd Iesu ei lid arnaf i, fel taswn i wedi gwneud rhywbeth o'i le.
Beth oedd arno?
Oedd e'n poeni am y tlodion?
Wrth gwrs ei fod a hynny'n fwy na neb,
ond sylweddolai hefyd, os na wnaeth neb arall,
fod yn rhaid iddo wynebu marwolaeth er rhoi bywyd i eraill –
ac roedd Mair, hyd yn oed yn ei diniweidrwydd,

yn eneinio ei gorff i'w gladdu.
Oedd, yr oedd yn poeni,
nid yn unig am y tlodion ond am bawb,
hyd yn oed gwalch diwerth fel fi:
yn poeni digon i'w roi ei hunan yn llwyr
er mwyn gwneud newid real yn bosibl yn ein byd trist ni.
Beth ddaeth drosof yn ei fradychu fel y gwnes?
Rhaid fy mod yn wallgof!
Ond, ar waetha'r sibrydion amdanaf yn dwyn,
roeddwn yn wir yn dymuno cynorthwyo fy mhobl,
a chredais yn fy ffolineb fod Iesu yn ceisio'u harwain ar gyfeiliorn –
ond ni allwn fod wedi gwneud camgymeriad mwy.
Rhoddodd ei fywyd er mwyn rhoi gobaith i bawb,
ac nid oedd dim yn ormod i'w dalu.
Felly os ydych chi'n poeni,
yn gwirioneddol boeni,
am y rhai mewn angen,
faint fyddwch *chi'n* barod i'w roi?

Gweddi
Arglwydd,
dysg i ni roi yn hael,
i eraill ac i ti;
i ddefnyddio'r adnoddau a roddaist at ein gwasanaeth,
a cheisio mewn ffordd annheilwng greu byd gwell,
a dwyn dy deyrnas ar y ddaear yn nes.
Helpa ni i'th garu'n fwy,
ac i ddangos y cariad hwnnw yn ein haddoliad a'n gwasanaeth,
gan ymestyn allan at y rhai sydd mewn angen.
Drwy ymateb iddynt hwy,
boed i ni yn ogystal ymateb i ti.
Amen.

Pontius Pilat

Ioan 18:1–19:42

Daeth Pilat allan eto, ac meddai wrthynt, "Edrychwch, rwy'n dod ag ef allan atoch, er mwyn ichwi wybod nad wyf yn cael unrhyw achos yn ei erbyn." Daeth Iesu allan, felly, yn gwisgo'r goron ddrain a'r fantell borffor. A dywedodd Pilat wrthynt, "Dyma'r dyn." Pan welodd y prif offeiriaid a'r swyddogion ef, gwaeddasant, "Croeshoelia, croeshoelia." "Cymerwch ef eich hunain a chroeshoeliwch," meddai Pilat wrthynt, "oherwydd nid wyf fi'n cael achos yn ei erbyn." Atebodd yr Iddewon ef, "Y mae gennym ni Gyfraith, ac yn ôl y Gyfraith honno fe ddylai farw, oherwydd fe'i gwnaeth ei hun yn Fab Duw." Pan glywodd Pilat y gair hwn, ofnodd yn fwy byth. Aeth yn ei ôl i mewn i'r Praetoriwm, a gofynnodd i Iesu, "O ble'r wyt ti'n dod?" Ond ni roddodd Iesu ateb iddo. (Ioan 19:4–9)

Myfyrdod
Ni allwn gael achos yn ei erbyn,
dim cyhuddiad i'w ateb.
Nid rebel ydoedd yn annog gwrthryfel,
nid un â'i fryd ar rym daearol –
roedd ei fwriadau, yn nhermau'r byd, yn amlwg yn ddiniwed,
ac yn sicr yn gamarweiniol.
Ni achosodd ddolur i neb,
ni wnaeth gam â neb,
ond roedd hi'n bendant iddo dramgwyddo rhywrai,
a daeth yn glir fod yr hen Ysgrifenyddion a'r Phariseaid,
gyda'u rheolau a'u deddfau diddiwedd,
yn benderfynol o roi taw arno:
nid ei gosbi na'i garcharu,
ond ei ladd.
Ni fyddai hynny wedi fy mhoeni fel arfer –
beth yw un cythryblwr yn llai? –
ond fe wnaeth y dyn Iesu yma i mi deimlo'n anghysurus o'r dechrau.
Y llygaid yna!
Ei atebion sicr!
Cefais fy nhaflu'n llwyr,
a chefais yr argraff fod fy nhynged yn ei ddwylo ef,

yn hytrach na'i dynged ef yn fy nwylo i.
O ble daeth hwn, meddyliais?
Pwy oedd hwn?
Ymwelydd oddi wrth y duwiau?
Ac wrth i'r posibilrwydd ddal gafael ynof,
ceisiais ei ryddhau.
Ond roedd hi'n anobeithiol,
gan fod y cŵn wedi arogli gwaed,
a'r mwyaf y plediwn ar ei ran,
cryfaf y waedd am waed.
Ildiais, ymhen hir a hwyr.
Pa ddewis oedd gennyf?
Gwell mentro'i fywyd ef na'm bywyd i.
Ond chysgais i 'run eiliad ers hynny,
mae'r olwg ar ei wyneb yn parhau i darfu arnaf.
Ni chefais yr un achos yn ei erbyn,
eto traddodais ef i farw,
a does gen i ond gobeithio nad yw'r hyn a ddywedodd amdano'i hun yn
wir –
brenin byd arall –
os gwir hynny, rwy'n ofni dedfryd arall ryw ddiwrnod...
mewn achos yn fy erbyn i.

Gweddi

O Grist ein Gwaredwr,
am dderbyn ein dedfryd,
am wynebu ein cosb,
am gario beichiau'r byd,
addolwn di.
Derbyn y diolch, y mawl, yr addoliad a'r gwasanaeth
sydd wir yn eiddo i ti,
ac yn dy drugaredd
cymorth ni i dderbyn y fuddugoliaeth a enillaist trosom
ac i gerdded bob dydd mewn newydd-deb bywyd,
wedi'n glanhau,
ein hadnewyddu,
ac wedi derbyn dy faddeuant.
Amen.

Joanna

Luc 24:1–12

Ar y dydd cyntaf o'r wythnos, ar doriad gwawr, daethant at y bedd gan
ddwyn y peraroglau yr oeddent wedi eu paratoi. Cawsant y maen wedi ei
dreiglo i ffwrdd oddi wrth y bedd ... (Luc 24:1–2)

Myfyrdod
Roedd rhywbeth yn y gwynt y bore hwnnw,
rhywbeth arbennig,
anghyffredin,
bron yn arallfydol.
Ni allem roi ein bys ar y peth,
ond er ein bod yn ddigalon,
a'n llygaid wedi eu dallu gan ddagrau,
roedd ynom ryw ymdeimlad rhyfedd
fod y diwrnod hwn am fod yn wahanol i bob diwrnod arall:
diwrnod bythgofiadwy.
Roeddem yn credu ar y dechrau mai galar oedd achos y cyfan,
oherwydd cofiwch mai mynd i eneinio corff ein Harglwydd yr oeddem –
i dalu'r gymwynas olaf
a dweud ffarwel wrth ein breuddwydion.
Ond, er mai cyfnod o ddiweddiadau ydoedd,
yr oedd awgrym cryf
o ddechrau newydd,
addewid,
gobaith am y dyfodol.
Ai seiniau a golygfeydd y wawr ydoedd:
sŵn adar yn cyfarch diwrnod newydd,
ffresni'r gwlith ar lawr,
bywyd yn cyniwair eto?
Mae rhai'n dweud hynny,
hyd yn oed nawr,
er gwaethaf popeth –
er gwaetha'r maen a dreiglwyd,
y dillad a blethwyd,

128

a'r bedd gwag –
ond er iddi gymryd amser i ni dderbyn
a mwy fyth i ddeall,
gwyddom yn wahanol,
sef bod rhywbeth arbennig yn y gwynt y bore hwnnw,
yn fwy arbennig ac arallfydol nag y gall geiriau ei ddisgrifio.
Beth amdanoch chi?
A ddysgoch chi'r gwirionedd?
A ydych chi wedi amgyffred yr hyn a wnaeth Duw?
Roedd yr haul yn codi wrth i ni nesáu at y bedd,
gwawr *diwrnod* newydd
a gwawr *byd* newydd!

Gweddi
Tyrd, O Arglwydd, yn nerth dy atgyfodiad,
i'n bywydau,
i'n byd,
a boed i'th oleuni lewyrchu,
dy ras drawsnewid,
a'th gariad adnewyddu.
Lle mae pobl yn rhodio mewn tywyllwch –
anobaith,
dioddefaint,
ofn,
drygioni –
tyrd â'th wawr newydd
a'th ddechrau newydd:
tyrd â'th haul i'n calonnau.
Amen.

Nathanael

Ioan 21:1–19

Wedi iddynt lanio, gwelsant dân golosg wedi ei osod, a physgod arno, a bara. Meddai Iesu wrthynt, "Dewch â rhai o'r pysgod yr ydych newydd eu dal." Dringodd Simon Pedr i'r cwch, a thynnu'r rhwyd i'r lan yn llawn o bysgod braf, cant pum deg a thri ohonynt. Ac er bod cymaint ohonynt, ni thorrodd y rhwyd. "Dewch," meddai Iesu wrthynt, "cymerwch frecwast." Ond nid oedd neb o'r disgyblion yn beiddio gofyn iddo, "Pwy wyt ti?" Yr oeddent yn gwybod mai yr Arglwydd ydoedd. Daeth Iesu atynt, a chymerodd y bara a'i roi iddynt, a'r pysgod yr un modd. (Ioan 21:9–13)

Myfyrdod

Roedd hi'r un fath â'r torthau a'r pysgod unwaith eto,
ond y tro hwn doedd dim tyrfa i'w bwydo –
dim ond dyrnaid o ddisgyblion.
Buom yn pysgota drwy'r nos,
a bron â llwgu,
ond doedd fawr o obaith am fwyd,
ac ar waetha'n holl ymdrechion
a'n medrusrwydd,
ddalion ni ddim.
Ond yna, ymddangosodd Iesu,
ac yn sydyn newidiodd popeth;
roedd ein rhwydau,
wedi i ni eu gollwng yn y fan y dywedodd wrthym,
nid yn unig yn llawn
ond yn gwegian.
Roedd gennym ddigon, a mwy na digon,
a chawsom frecwasta'r bore hwnnw fel brenhinoedd!
Pysgota am *bobl* wnawn ni nawr yn hytrach na physgod,
ond yr un yw'r stori,
a'r un yw'r wers,
oherwydd os mai'n heiddo *ni* yw'r alwad,
ei eiddo *ef* yw'r genhadaeth.
Mae gennym ran i'w chwarae,

ond ef sy'n rhoi'r canlyniadau.
Allwn ni wneud dim,
gall ef wneud popeth.
Peidiwch â chredu, felly, fod llwyddiant yn dibynnu arnoch chi –
eich geiriau,
eich rhoddion,
eich dyfeisgarwch –
oherwydd fe fyddech yn gwneud camgymeriad mawr.
Gollyngwch eich rhwydau –
mewn cariad,
yn onest,
ac yn ffyddlon –
a gwnaiff *ef* ddarparu'r ddalfa.

Gweddi

Ym mhob dim rwyt ti'n galw arnom i'w wneud, Arglwydd,
popeth rwyt ti'n galw arnom i fod,
atgoffa ni na allwn gyflawni'r gwaith yn ein nerth ein hunain
ond yn dy nerth di.
Dysg i ni weld fod yr hyn sy'n amhosibl i ni
yn bosibl i ti;
fod yr hyn na allwn gyflawni gyda'n hymdrechion ni
yn bosibl yn nerth dy atgyfodiad.
Helpa ni, felly, i weithio drosot,
i siarad,
i fyw,
i garu
er dy fwyn,
yn hyderus os gwnawn ni'n rhan
y gwnei dithau'r un modd.
Amen.

Sadwcead

Ioan 10:22–30

Daeth yr Iddewon o'i amgylch a gofyn iddo, "Am ba hyd yr wyt ti am ein cadw ni mewn ansicrwydd? Os tydi yw'r Meseia, dywed hynny wrthym yn blaen." Atebodd Iesu hwy, "Yr wyf wedi dweud wrthych, ond nid ydych yn credu. Y mae'r gweithredoedd hyn yr wyf fi yn eu gwneud yn enw fy Nhad yn tystiolaethu amdanaf fi. Ond nid ydych chwi'n credu, am nad ydych yn perthyn i'm defaid i. Y mae fy nefaid i yn gwrando ar fy llais i, ac yr wyf fi'n eu hadnabod, a hwythau'n fy nghanlyn i. Yr wyf fi'n rhoi bywyd tragwyddol iddynt; nid ânt byth i ddistryw, ac ni chaiff neb eu cipio hwy allan o'm llaw i." (Ioan 10:24–28)

Myfyrdod
Pam na ddywedodd ef wrthym pwy ydoedd?
Pam taro'r post,
a siarad mewn damhegion,
pan allai fod wedi gwneud y cwbl y glir?
Ai ef oedd y Meseia ai peidio?
Ond gwrthododd,
gan ymddangos yn benderfynol o'n cadw i ddyfalu.
Wel, beth allem ni ei wneud o hynny?
Ymddangosai nad ef oedd y Meseia wedi'r cwbl,
ond ei fod yn dymuno i ni gredu felly,
felly dyma'i gornelu,
a gofyn iddo roi ateb pendant,
y naill ffordd neu'r llall.
Ac am beth y siaradodd, wrth ateb?
Defaid!
Rwy'n gwybod, mae'n anghredadwy.
Awgrymai mai'r unig beth oedd angen i ni ei wneud oedd gwrando
ac fe ddatgelid y gwirionedd,
ond roeddem ni wedi penderfynu'n barod
peidio â gwrando.
Y fath ffwlbri!
Dyma'r gwir, ar waetha'i arwyddion a'r rhyfeddodau,

roedd Teyrnas Dduw ar y ddaear yn ymddangos yn bell i ffwrdd,
yn hytrach nag yma yn ein plith ni nawr.
Sori, ond dydyn ni ddim yn llyncu ffwlbri a breuddwydion ofer
atgyfodiad a bywyd tragwyddol,
a wnawn ni fyth nes bod rhywun yn dychwelyd o blith y meirw
a'i brofi.
Os gwnaiff Iesu hynny, fe wnawn ni ailfeddwl,
amdano ef ac am bopeth arall,
oherwydd fe gredwn bryd hynny wrth gwrs –
pwy na fyddai'n credu? –
ond dydw i ddim yn credu fod hynny'n debygol.
Ydych chi?

Gweddi
Arglwydd byw,
mewn byd sinigaidd a chyndyn o gredu,
helpa ni i gadw'n ffydd ynot ti.
Er na allwn brofi dy atgyfodiad,
boed i'th lais oddi mewn i ni ein hargyhoeddi
a llefaru wrthym am dy bresenoldeb a'th addewid o fywyd –
ac am obaith sicr.
Amen.

Thomas

Ioan 13:31–35

Ar ôl i Jwdas fynd allan dywedodd Iesu, "Yn awr y mae Mab y Dyn wedi ei ogoneddu, a Duw wedi ei ogoneddu ynddo ef. Ac os yw Duw wedi ei ogoneddu ynddo ef, bydd Duw yntau yn ei ogoneddu ef ynddo'i hun, ac yn ei ogoneddu ar unwaith. Fy mhlant, am ychydig amser eto y byddaf gyda chwi; fe chwiliwch amdanaf, a'r hyn a ddywedais wrth yr Iddewon, yr wyf yn awr yn ei ddweud wrthych chwi hefyd, 'Ni allwch chwi ddod lle'r wyf fi'n mynd." (Ioan 13:31–33)

Myfyrdod

Roeddem wedi drysu pan ddywedodd wrthym ar y dechrau,
heb sôn am fod yn siomedig,
oherwydd roeddem wedi cymryd yn ganiataol y byddai gyda ni am byth,
yn sefyll yn ein hymyl.
Beth oedd yr holl sôn yma am adael,
a mynd i rywle na allai'r un ohonom ei ddilyn?
Doedden ni ddim yn hoffi siarad fel 'na.
Ond os oeddem ni mewn dryswch bryd hynny,
doedd yn ddim i gymharu â'r hyn oedd i ddod,
wedi iddo godi o'r meirw,
oherwydd wrth i ni ddathlu ei ddychweliad,
ac wedi cynhyrfu'n llwyr,
cododd y mater eto,
pan ddywedodd ei fod ar fin gadael.
'*Pam,*' meddyliem.
Oni allai aros,
os nad am byth, am ychydig amser o leiaf?
Beth oedd yn galw cymaint,
mor bwysig
fel bod yn rhaid iddo fynd unwaith eto,
a'r tro hwn, i bob golwg, am byth?
Ein dymuniad oedd cael ei gadw,
a mynd yn ôl at yr hen ffordd:
ni ac yntau gyda'n gilydd.

Ac felly, i bob golwg, y digwyddodd,
er nad yn y ffordd a feddylion ni,
oherwydd yn ei Ysbryd y mae ef gyda ni bellach,
nid wrth ein hochr yn unig ond ynom ni.
Dim ond drwy adael y gallai nesáu.
Dim ond drwy ymadael â'r byd hwn
y gallai agor y drws i'r nefoedd
fel y gallwn ninnau ryw ddiwrnod ei ddilyn.
Doedd dim sefyll yn yr unfan i fod,
oherwydd gyda'i Dad roedd ei le bellach
fel Brenin y Brenhinoedd ac Arglwydd yr Arglwyddi,
ac yn eistedd ar ei orsedd oddi uchod.
Rydym wedi dysgu bellach beth yw ystyr hynny:
ei fod ef yn fwy na *ni*,
yn fwy na Jwdea,
y tu hwnt i'n dychymyg,
a'i farw, ei godi, ei drugaredd a'i gariad
nid er mwyn yr ychydig
ond pawb.

Gweddi

Maddau i ni, Arglwydd,
am dy gyfyngu i'n gorwelion bach ein hunain,
ein diddordebau plwyfol.
Credwn dy fod wedi dy ddyrchafu dros bopeth,
ac wedi dy orseddu fry.
Mae dy bwrpas yn cyrraedd hyd eithafion byd.
Ehanga'n gweledigaeth,
ymestyn ein dealltwriaeth,
fel y bydd i ni wrth fyfyrio ar dy fawredd
adnabod a sylweddoli maint dy gariad –
ei uchder, ei ddyfnder, hyd a lled yr hyn wyt ti,
a beth yw ystyr hynny
i ni
ac i bawb.
Amen.

Un o'r Apostolion ar Ddydd y Pentecost

Ioan 14:8–17, [25–27]

"Os ydych yn fy ngharu i, fe gadwch fy ngorchmynion i. Ac fe ofynnaf finnau i'm Tad, ac fe rydd ef i chwi Eiriolwr arall i fod gyda chwi am byth, Ysbryd y Gwirionedd. Ni all y byd ei dderbyn ef, am nad yw'r byd yn ei weld nac yn ei adnabod ef; yr ydych chwi yn ei adnabod, oherwydd gyda chwi y mae'n aros ac ynoch chwi y bydd. Ond bydd yr Eiriolwr, yr Ysbryd Glân, a anfona'r Tad yn fy enw i, yn dysgu popeth ichwi, ac yn dwyn ar gof ichwi y cwbl a ddywedais i wrthych." (Ioan 14:15-17, 26)

Myfyrdod
Digwyddodd fel y dywedodd,
daeth ei Ysbryd arnom
i drawsnewid ein bywydau.
Un eiliad roeddem yn wan,
yr eiliad nesaf yn gryf,
ofnus i ddechrau
ac yna'n hyf –
y ffydd a guddiwyd gennym bellach yn gweiddi o bennau'r tai,
mewn llawenydd a gyda balchder mawr.
Cawsom ein newid,
yn allanol ac yn fewnol,
a phresenoldeb Duw yn megino fflam ein ffydd,
yn ein paratoi i wasanaethu,
ac yn esgor ar ffydd, gobaith, cariad a llawenydd.
Ac mae 'na fwy,
llawer mwy –
rhoddion i'n hadeiladu,
ffrwythau i'n galluogi –
ei nerth yn parhau i lywio popeth a wnawn
a phopeth yr ydym.
Mae Iesu wedi mynd,
ac eto mae yma gyda ni;
mae'n bell,
ac eto'n agos –

yn dysgu, arwain, nerthu,
ysbrydoli
yn union fel o'r blaen.
Digwyddodd fel yr addawodd,
daeth ei Ysbryd oddi uchod,
ac mae'n parhau felly,
ym mhob man.
Agorwch eich calonnau a derbyniwch:
Crist ynoch chi
a chwithau ynddo ef.

Gweddi

Tyrd i'n plith, Arglwydd, drwy dy Ysbryd
a chyffwrdd â'n bywydau.
Rho nerth yn ein gwendid,
a ffydd yn ein hamheuaeth,
i droi ein hofn yn ymddiriedaeth,
ein tristwch yn llawenydd
a'n tywyllwch yn oleuni.
Glanha,
adnewydda,
ysbrydola, galluoga,
fel y gallwn fyw a gweithio er dy fwyn,
yn dy nerth,
ac er dy ogoniant.
Amen.

Perchennog Gwinllan

Ioan 15:1–8

"Myfi yw'r wir winwydden, a'm Tad yw'r gwinllannwr. Y mae ef yn torri
i ffwrdd bob cangen ynof fi nad yw'n dwyn ffrwyth, ac yn glanhau pob un
sydd yn dwyn ffrwyth, er mwyn iddi ddwyn mwy o ffrwyth. Yr ydych
chwi eisoes yn lân trwy'r gair yr wyf wedi ei lefaru wrthych. Arhoswch
ynof fi, a minnau ynoch chwi. Ni all y gangen ddwyn ffrwyth ohoni ei hun,
heb iddi aros yn y winwydden; ac felly'n union ni allwch chwithau heb i
chwi aros ynof fi. Myfi yw'r winwydden; chwi yw'r canghennau. Y mae'r
sawl sydd yn aros ynof fi, a minnau ynddo yntau, yn dwyn llawer o
ffrwyth, oherwydd ar wahân i mi ni allwch wneud dim. Os na fydd rhywun
yn aros ynof fi, caiff ei daflu i ffwrdd fel y gangen ddiffrwyth, ac fe wywa;
dyma'r canghennau a gesglir, i'w taflu i'r tân a'u llosgi. Os arhoswch ynof
fi, ac os erys fy ngeiriau ynoch chwi, gofynnwch am beth a fynnwch, ac
fe'i rhoddir ichwi. Dyma sut y gogoneddir fy Nhad: trwy i chwi ddwyn
llawer o ffrwyth a bod yn ddisgyblion i mi." (Ioan 15:1–8)

Myfyrdod
Roedd Iesu'n gwybod am beth roedd yn siarad.
Dydy tyfu grawnwin ddim yn waith hawdd,
yn sicr ddim yn rhywbeth y gallwch ei adael i ofalu amdano'i hun.
Rhaid tocio'r gwinwydd yn ofalus,
torri'r pren marw,
hybu tyfiant iach,
amddiffyn rhag clefydau,
bwydo, dyfrhau a chwynnu,
a'r cyfan hyn cyn meddwl am gynaeafu.
Stori am gydweithio ydyw,
rhwng y gwinwydd a'r gwinllannwr,
a dyna sy'n rhaid i ni ei gofio yng nghyd-destun y *wir* winwydden,
a thyfu ynddo ef.
Canolbwyntiwn arnom ein hunain yn rhy aml,
ein hymdrechion,
ein hymgais i gynhyrchu ffrwyth –
credwch fi, rwy'n gwybod,

oherwydd gwnes hynny fy hun sawl gwaith.
Ond mae hynny 'run fath â dweud y gall grawnwin dyfu ei hunan,
neu mai ni ein hunain yw'r gwinwydd.
Duw sy'n rhoi'r cynnydd,
nid ni,
ac fe ddaw drwy fod yng Nghrist,
nid drwy unrhyw beth a wnawn ni.
Ni allwch gynhyrchu ffrwyth ar eich pen eich hun:
yn enwedig ffrwyth yr Ysbryd.
Cadwch yn agos ato,
er mwyn cael eich maethu a'ch meithrin gan ei gariad,
a dim ond wedi hynny y bydd eich bywyd yn esgor ar y cynhaeaf
y mae ef yn ei ddisgwyl.

Gweddi

O Dduw,
hoffwn gredu ein bod yn gynhyrchiol yn dy wasanaeth,
fod ein gwaith yn ffrwythlon,
ond yn ein munudau gorau gwyddom nad yw hynny'n wir,
mae cymaint yn ein bywyd yn bren marw.
Byddwn yn llawn addewid ond yn cynhyrchu ychydig,
a hynny oherwydd ein hanufudd-dod, neu'n hesgeulustod –
drwy ymwrthod â'th ewyllys,
neu beidio â chaniatáu digon o amser i ti ein maethu
a'n meithrin yn y ffydd.
Anghofiwn nad trwom ni y daw tyfiant,
pa mor ddiffuant bynnag fo'n gwaith,
ond trwy dy ras.
Maddau'n hymrwymiad diffaith,
a helpa ni i fod yn un ynot ti
fel y gallwn dyfu mewn ffydd
a dwyn ffrwyth drwy dy Ysbryd.
Amen.

Gwas yn y Briodas yng Nghana

Ioan 2:1–11

Profodd llywydd y wledd y dŵr, a oedd bellach yn win, heb wybod o ble'r oedd wedi dod, er bod y gwasanaethyddion a fu'n tynnu'r dŵr yn gwybod. Yna galwodd llywydd y wledd ar y priodfab ac meddai wrtho, "Bydd pawb yn rhoi'r gwin da yn gyntaf, ac yna, pan fydd pobl wedi meddwi, y gwin salach; ond yr wyt ti wedi cadw'r gwin da hyd yn awr." (Ioan 2:9–10)

Myfyrdod
Dŵr a ddodwyd yn y llestri, does dim amheuaeth am hynny.
Dylwn i wybod, roeddwn yn un o'r rhai a'u llenwodd,
ac rwy'n dweud wrthych
nad oedd dim ynddynt i gychwyn,
ac ni ychwanegwyd dim –
dim ond dŵr pur a glân.
Ond pan aethpwyd â chwpanaid i'w brofi at lywydd y wledd
dylech fod wedi gweld ei wyneb.
Roedd yn arbenigwr,
ac ni welais wyneb mor llon yn unman!
Mewn amrantiad rhuthrodd draw at y priodfab,
a tharodd ei law ar ei gefn fel hen ffrind,
yn wên i gyd ac yn ei longyfarch am gadw'r gorau hyd y diwedd.
Ar y dechrau roeddem yn meddwl fod rhywun yn tynnu'n coes,
ond wedi blasu'r gwin ein hunain,
sylweddolom beth oedd y cynnwrf mawr.
Roedd yn rhagorol,
y math o win y byddech yn ei weini mewn priodas fawreddog,
ac roedd gennym alwyni ohono'n sbâr!
Sut digwyddodd hyn?
Does gen i ddim syniad!
Dilyn y cyfarwyddiadau wnaethom ni,
ac Iesu wnaeth y gweddill,
troi'r cyffredin yn anghyffredin,
yr hen yn newydd rhyfeddol.
Mae'n siŵr i chi feddwl mai gwyrth oedd y cyfan,

140

ac mae'n rhaid i mi gytuno,
ond doedd hynny'n ddim
o'i gymharu â'r hyn ddilynodd,
oherwydd ers hynny, newidiodd fwy na dŵr yn win,
newidiodd fywydau pobl,
newidiodd y byd ei hunan,
a throi marwolaeth yn fywyd.
Anghofia i fyth y wledd briodas honno –
y syndod,
y llawenydd,
a rhyfeddod y cyfan –
ond yn bwysicach na hynny,
anghofia i fyth yr un a wnaeth y cyfan yn bosibl:
y dyn syfrdanol hwnnw, Iesu.
'Gwnewch beth bynnag fydd yn ei ofyn i chi,' meddai ei fam,
a dyna'r cyngor gorau a gefais erioed.
Dilynwch hynny, a chredwch fi,
ewch chi ddim yn bell o'ch lle.

Gweddi
Arglwydd Iesu Grist,
diolch am dy allu i newid bywydau,
a thrawsnewid y bobl fwyaf annhebygol,
a'u troi wyneb i waered ac o'r tu fewn allan.
Diolch am newid ein bywydau ni
a'u llenwi â gobaith, llawenydd, tangnefedd a phwrpas.
Parha i ddwyn dechreuadau newydd i bawb.
Ymestyn at ein byd,
a lle mae poen, tristwch, drygioni ac anghyfiawnder,
gweithreda newid parhaol.
Amen.

Dafad

Luc 2:[1–7] 8–20

Wedi i'r angylion fynd ymaith oddi wrthynt i'r nef, dechreuodd y
bugeiliaid ddweud wrth ei gilydd, "Gadewch inni fynd i Fethlehem a
gweld yr hyn sydd wedi digwydd, y peth yr hysbysodd yr Arglwydd ni
amdano." Aethant ar frys, a chawsant hyd i Fair a Joseff, a'r baban yn
gorwedd yn y preseb ... (Luc 2:15–16)

Myfyrdod
Welais i erioed mohonyn nhw'n rhedeg mor gyflym,
un funud yn gorwedd ar eu hyd o flaen y tân,
a'r nesaf yn rhedeg allan i'r nos –
i Fethlehem os cofia i'n iawn.
Hwyrach mai defaid ydym ni,
ond yr oeddem ni, hyd yn oed, yn sylweddoli fod rhywbeth ar droed,
rhywbeth pwysig iawn,
arbennig iawn,
oherwydd dydyn nhw erioed wedi'n gadael o'r blaen,
ddim am eiliad,
yn enwedig gyda'r bleiddiaid yn loetran o gwmpas yn y tywyllwch.
Roedd arswyd arnom –
yn arbennig pan ymddangosodd y goleuni mawr yn yr awyr,
gan achosi i'r bugeiliaid wthio'u pennau i'r llwch,
ac yna ruthro i ffwrdd fel dynion wedi'u meddiannu –
oherwydd roedd y sŵn udo yn y pellter...
yn agosáu...
a dod yn nes ac yn nes...
nes bod cysgodion yn ffurfio...
yn barod i ymosod.
Doedd dim i'w wneud ond disgwyl am y diwedd,
a'r genau'n agor yn llydan i'n llarpio,
ond yn sydyn...
lleisiau...
chwerthin...
a'r perygl yn diflannu –

roedd y bugeiliaid yn ôl o'r diwedd.
Am ryddhad!
Am lawenydd!
Wynebwyd marwolaeth a chael ein hachub!
Ond mi ddywedaf un peth,
peth rhyfedd iawn:
roedd y bugeiliaid yn ymddangos yn hapusach,
wedi cynhyrfu'n lân,
yn union fel pe baen nhw wedi eu hachub hefyd.
Beth welson nhw tybed y noson honno?
Mae'n rhaid ei fod yn dda.

Gweddi
O Dduw grasol,
gwared ni rhag *clywed* am eni Iesu
heb fod hynny yn ein newid.
Gweddïwn am gael ei gyfarfod o'r newydd,
ac ymateb i'w ras,
a'i groesawu i'n bywydau.
Boed i ni sylweddoli'n llawnach beth yw ystyr ei ddyfodiad –
beth a gyflawnaist drwy ei fywyd,
ei farwolaeth a'i atgyfodiad,
a'r hyn mae'n parhau i'w gyflawni ym mywydau pobloedd dirifedi.
Caniatâ i blentyn Bethlehem –
y Crist croeshoeliedig –
gael ei eni ynom ninnau heddiw,
fel y gallwn gerdded gydag ef hyd y diwedd.
Amen.

Salome

Marc 16:1–8

Wedi i'r Saboth fynd heibio, prynodd Mair Magdalen, a Mair mam Iago, a Salome, beraroglau, er mwyn mynd i'w eneinio ef. Ac yn fore iawn ar y dydd cyntaf o'r wythnos, a'r haul newydd godi, dyma hwy'n dod at y bedd. Ac meddent wrth ei gilydd, "Pwy a dreigla'r maen i ffwrdd oddi wrth ddrws y bedd i ni?" Ond wedi edrych i fyny, gwelsant fod y maen wedi ei dreiglo i ffwrdd; oherwydd yr oedd yn un mawr iawn. (Marc 16:1–4)

Myfyrdod

Roedd y peraroglau'n barod i'w eneinio,
arwydd olaf ein ffyddlondeb i'n Harglwydd,
ond a dweud y gwir roeddem yn credu mai siwrne ofer fyddai hi,
oherwydd roliwyd maen anferth ar draws y bedd,
a gosod milwr yn ei le i'w warchod.
Felly, pam mynd, gofynnwch?
Pam gwastraffu amser ar daith ofer?
Cwestiwn teg,
ond beth arall allem ni ei wneud?
Cofiwch ein bod wedi'n parlysu gan ein galar,
yn drallodus tu hwnt i eiriau.
Roeddem yn teimlo'r angen i wneud rhywbeth,
unrhyw beth,
i leddfu'r boen.
Mwy na hynny, er yn swnio'n wirion,
roeddem am fod yn agos i Iesu,
er ei fod yn farw:
teimlo nad oedd y cwlwm fu rhyngom wedi torri'n llwyr.
Pe byddai modd gweld y bedd,
hyd yn oed o bell,
byddai'n gymorth.
A phwy a ŵyr,
hwyrach y byddai'r milwr yn tosturio wrthym,
a chytuno i symud y maen am ychydig amser,

neu'n ddigon hir i ni fedru eneinio'i gorff yn ôl y bwriad.
Felly, dyma fynd,
a gobeithio'r gorau,
ond heb freuddwydio gweld yr hyn a welsom
wedi i ni gyrraedd.
Roedd hi'n sicr yn siwrne ofer,
yn llwyr, felly, ar un olwg,
ond nid am i ni fethu gweld ei gorff.
Yn rhyfeddol,
yn anhygoel,
doedd dim corff i'w weld!
Symudwyd y maen,
roedd y bedd yn wag –
roedd Iesu'n fyw!

Gweddi
Duw grasol,
diolchwn i ti eto am ryfeddod y Pasg,
eto gorfoleddwn yn y newydd da am Grist –
drwyddo dy fuddugoliaeth ar angau a drygioni,
tywyllwch ac anobaith.
Am y llawenydd a roddaist i ni –
y sicrwydd o fywyd newydd nawr ac i dragwyddoldeb –
addolwn a chlodforwn di.
Amen.

Nicodemus

Ioan 3:1–17

Atebodd Iesu: "Yn wir, yn wir, rwy'n dweud wrthyt, oni chaiff rhywun ei eni o ddŵr a'r Ysbryd ni all fynd i mewn i deyrnas Dduw. Yr hyn sydd wedi ei eni o'r cnawd, cnawd yw, a'r hyn sydd wedi ei eni o'r Ysbryd, ysbryd yw. Paid â rhyfeddu imi ddweud wrthyt, 'Y mae'n rhaid eich geni chwi o'r newydd.' Y mae'r gwynt yn chwythu lle y myn, ac yr wyt yn clywed ei sŵn, ond ni wyddost o ble y mae'n dod nac i ble y mae'n mynd. Felly y mae gyda phob un sydd wedi ei eni o'r Ysbryd." Dywedodd Nicodemus wrtho, "Sut y gall hyn fod?" (Ioan 3:5–9)

Myfyrdod
Doeddwn i ddim yn gwybod ble'r oeddwn.
Un funud yr oedd yn siarad amdano'i hun,
y nesaf am Dduw,
a'r nesaf, am yr Ysbryd,
yn union fel pe baen nhw'r un peth.
Gwelais eisoes fod Duw yn gweithio drwyddo,
er bod fy nghyd-Phariseaid yn cael trafferth gyda'r syniad –
sut arall oedd egluro'r hyn a wnâi?
Ond wrth i ni sgwrsio daeth yn amlwg ei fod yn awgrymu mwy na hynny:
ei fod yn siarad ar ran y Tad ei hun,
a rhywsut, yn ei berson ei hun, deuai â'r Ysbryd i'n plith.
Roedd yn ddirgelwch i mi,
eto doedd ef ddim yn synnu –
os rhywbeth, i'r gwrthwyneb.
O do, fe'm pryfociodd ychydig,
gan awgrymu, fel athro yn Israel,
y dylwn i o bawb fod yn gwybod y pethau hyn,
ond os deallais i'n iawn,
nid oedd yn disgwyl i mi ddatrys y dirgelwch,
ond derbyn na allwn –
sylweddoli mai dirgelwch ydoedd, ac mai dirgelwch a fydd.
Duw yn dri pherson –
a oedd mewn difrif yn awgrymu hynny?

146

Mae hynny'n afresymol, siŵr o fod,
os nad yn gabledd,
ond rhywsut rwyf wedi methu ei ddiystyru,
oherwydd yn rhyfedd iawn mae'n ymddangos yn synhwyrol.
Fe ddangosodd Dduw i mi, yn wahanol i bawb arall,
a symudodd yr Ysbryd drwyddo ef,
ond hefyd trwy ei ddisgyblion,
yn union fel pe bai wedi ei estyn ymlaen
ac yn parhau gyda hwynt wedi ei farwolaeth.
Mae'n anodd credu,
amhosibl credu:
fod Duw yn dri yn un, ac eto'n un yn dri.
Ond wyddoch chi beth?
Rwy'n credu ei fod yn wir!

Gweddi
Duw hollalluog,
dysg i ni fyw gyda dirgelwch yr hyn ydwyt,
ac i gydnabod, er na allwn amgyffred yn iawn
heb sôn am ddeall rhyfeddod dy fod,
y gallwn, er hynny, dy brofi
ac ymateb yn feunyddiol i ti fel Tad, Mab ac Ysbryd Glân.
Er ei fod y tu hwnt i'n rheswm ni,
boed i ni dy adnabod a'th anrhydeddu fel Duw uwch ein pen,
Duw wrth ein hochr ni,
Duw oddi mewn i ni,
tri yn un ac eto un yn dri.
Helpa ni i'th addoli yn dy holl ogoniant,
gan fyfyrio ar dy wynebau amrywiol, Arglwydd popeth,
dy ogoniant yn llenwi'r bydysawd,
eto'n cyffwrdd â'n bywydau,
dy bwrpas y tu hwnt i'r gofod ac amser,
eto'n gafael ynom yn nhragwyddoldeb.
Duw hollalluog,
sy'n wahanol ac eto'n debyg,
clodforwn di.
Amen.

Joseff

Mathew 1:18–25

Fel hyn y bu genedigaeth Iesu Grist. Pan oedd Mair ei fam wedi ei dyweddïo i Joseff, cyn iddynt ddod at ei gilydd fe gafwyd ei bod hi'n feichiog o'r Ysbryd Glân. A chan ei fod yn ddyn cyfiawn, ond heb ddymuno ei chywilyddio'n gyhoeddus, penderfynodd Joseff, ei gŵr, ei gollwng ymaith yn ddirgel. Ond wedi iddo gynllunio felly, dyma angel yr Arglwydd yn ymddangos iddo mewn breuddwyd, a dweud, "Joseff fab Dafydd, paid ag ofni cymryd Mair yn wraig i ti, oherwydd y mae'r hyn a genhedlwyd ynddi yn deillio o'r Ysbryd Glân." (Mathew 1:18–20)

Myfyrdod

Bwriadwn gael gwared ohoni'r eiliad y torrai'r newyddion,
roedd y syniad o fabi rhywun arall yn tyfu o'i mewn
yn fy nghynddeiriogi,
a dechreuais gynllunio sut i'w gwaredu.
Cefais dipyn o sioc, byddwch yn deg,
oherwydd nid oeddwn wedi cyffwrdd â'r ferch,
heb sôn am *gysgu* gyda hi,
ond os nad fi, pwy?
Byddai'r clebrwyr yn eu seithfed nef, roedd hynny'n sicr,
gan daenu un stori ar ôl y llall,
a doeddwn i ddim yn ffansïo hynny o gwbl.
Felly penderfynais wneud pethau'n dawel,
torri'r dyweddïad yn ddistaw
a sgubo'r holl fusnes o dan y carped –
allwch chi ddim cael dim tecach na hynny.
Ar y cyfle cyntaf, byddwn yn dweud wrthi
ble'r oedd hi'n sefyll,
yn dyner ond yn bendant.
Ond ches i mo'r cyfle,
oherwydd roedd gan Dduw syniadau gwahanol,
nid yn unig ar fy nghyfer i ond ar gyfer pawb.
Roedd yn dod i'n byd ni,
a fy Mair innau wedi'i dewis i eni'r Meseia a addawyd,

ac er fy holl amheuon amdani,
a'm meddyliau annheilwng,
roedd gennyf innau hefyd ran i'w chwarae,
y fraint o fagu a meithrin ei Fab.
Penderfynais beth oedd yn rhaid i mi ei wneud,
ond y noson honno dysgais wers bwysig:
er i ni gynllunio,
Duw sy'n cyfeirio'n camre.

Gweddi
Er na allwn beidio, Arglwydd,
mynnwn edrych ar fywyd o'n safbwynt ni,
yn hytrach na'th safbwynt di,
a mesur yn ôl ein llinynnau'n hunain,
o safbwynt y byd hwn.
Lle y gweli di bosibiliadau,
gwelwn ninnau anawsterau.
Pan fyddi di'n siarad,
methwn ninnau wrando.
Pan fyddi di'n ceisio'n harwain,
gwrthwynebwn a gwrthryfelwn.
Diolch i ti,
er gwaetha'n cyndynrwydd neu'n diffyg gallu i sylweddoli dy bresenoldeb
ac adnabod dy law ar waith,
yr wyt ti'n parhau i gyflawni dy bwrpas.
Dysg ni,
arwain ni,
cymer ni,
defnyddia ni,
drwy dy ras,
ac er dy ogoniant.
Amen.

Un o'r Doethion

Mathew 2:1–12

Daethant i'r tŷ a gweld y plentyn gyda Mair ei fam; syrthiasant i lawr a'i addoli, ac wedi agor eu trysorau offrymasant iddo anrhegion, aur a thus a myrr. Yna, ar ôl cael eu rhybuddio mewn breuddwyd i beidio â dychwelyd at Herod, aethant yn ôl i'w gwlad ar hyd ffordd arall. (Mathew 2:11–12)

Myfyrdod
Gadawsom ar hyd ffordd arall,
a thaith hollol wahanol.
A dydw i ddim yn siarad am siwrne'n ôl i'r Dwyrain yn unig,
ond roedd hi'n mynd yn ddyfnach na hynny:
roedd ein bywydau wedi newid cyfeiriad,
ac wedi eu trawsnewid o'r eiliad y gwelsom y plentyn.
Nid oedd y plentyn fel yr oeddem wedi disgwyl –
dim o gwbl –
doedd dim ynglŷn â'i sefyllfa yn awgrymu crandrwydd a gogoniant,
dim addurniadau brenhinol,
ond eto fe blygom yn reddfol o'i flaen
a thalu gwrogaeth iddo,
yn ymwybodol fod yma rywun unigryw,
arbennig;
ei eni o arwyddocâd cosmig,
wedi'i dynghedu i lunio, nid cwrs hanes yn unig,
ond tragwyddoldeb ei hun.
Peidiwch â gofyn pam ein bod yn gwybod hynny –
roeddem yn gwybod, a dyna hi,
yn ddwfn o'n mewn,
pob un ohonom yn ymwybodol, o'r eiliad y gwelsom y seren,
fod y nefoedd ei hun wedi'n cyffwrdd,
a'n bod yn cael y fraint o dystio i rywbeth mwy nag y gallem
ei amgyffred.
Felly dyma ddilyn,
a chydnabod y plentyn,
offrymu ein rhoddion mewn ysbryd addolgar...

150

ac fe adawsom yn bobl wahanol,
a'n bywydau wedi'u troi am byth,
wedi cael cip ar y dwyfol.
Ffansïol?
Efallai.
Ond credwch fi, pe byddech chi yn ei gyfarfod –
drosoch eich hunan –
yna fe newidiai eich bywyd chwithau yn llwyr.

Gweddi
Arglwydd Iesu Grist,
soniwn am y gwahaniaeth a wnei di i'n bywydau,
ac fel mae dy ddilyn di yn esgor ar newid cyfeiriad,
a chymryd dy ffordd di, yn hytrach na mynnu ein ffordd ein hunain.
Ond er i ni gychwyn ar y daith gyda'n bwriadau da,
cawn ein denu i gyfeiriad arall
a mynd ar gyfeiliorn.
Helpa ni, drwy dy Ysbryd, i'th gyfarfod o'r newydd bob dydd,
er mwyn profi rhyfeddod dy ras, dy ddaioni a'th gariad.
Agor ein calonnau i gyffyrddiad y dwyfol,
a rho gipolwg i ni ar dy ogoniant,
fel y bydd y newid a ddaw, yn barhaol.
Amen.

Iago Mab Sebedeus

Mathew 4:12–22

Wrth gerdded ar lan Môr Galilea gwelodd Iesu ddau frawd, Simon, a elwid Pedr, ac Andreas ei frawd, yn bwrw rhwyd i'r môr; pysgotwyr oeddent. A dywedodd wrthynt, "Dewch ar fy ôl i, ac fe'ch gwnaf yn bysgotwyr dynion." Gadawsant eu rhwydau ar unwaith a'i ganlyn ef. Ac wedi iddo fynd ymlaen oddi yno gwelodd ddau frawd arall, Iago fab Sebedeus ac Ioan ei frawd, yn y cwch gyda Sebedeus eu tad yn cyweirio eu rhwydau. Galwodd hwythau, ac ar unwaith, gan adael y cwch a'u tad, canlynasant ef. (Mathew 4:18–22)

Myfyrdod
Roeddem yn trwsio'n rhwydau:
gwaith diflas efallai ond yn angenrheidiol,
oherwydd os oeddent wedi torri gallem bysgota
drwy'r dydd a dal dim.
Dodai pob dalfa fwyd ar y bwrdd a dillad amdanom,
ond pan ddaeth Iesu heibio, nid cymryd seibiant a wnaethom,
ond eu gadael ar ôl,
cefnu ar ein bywoliaeth heb feddwl ddwywaith.
Galwodd rhai ni'n wallgof,
ond dyna'r cam gorau a wnaethom erioed,
oherwydd nid y rhwydau yn unig oedd wedi torri,
ond ein bywydau,
a'n byd,
ac ef yn unig allai adfer y sefyllfa.
Gwyddwn hyn, rhywsut, o'r eiliad y gwelais ef,
roedd ei bresenoldeb yn cyffwrdd â'm calon a'm henaid.
Cawsom ein llethu, bob un,
a theimlo'n annheilwng i ymateb ond yn analluog i ymwrthod,
ac wrth gerdded a siarad gydag ef dros y dyddiau wedyn,
cynyddodd yr ymdeimlad hwnnw,
oherwydd amlygodd ein hanghenion...
ac eto eu hateb,
datgelodd ein beiau,

ond rhoddodd ei faddeuant a dechreuadau newydd.
Does gennym ddim rhwydau bellach,
ond er hynny'n parhau i bysgota,
pobol y tro hwn,
oherwydd ein dymuniad yw gweld eraill
yn profi'r hyn a gawsom ni,
blasu ei lawenydd a rhannu yn ei fywyd –
a gwybod, er mor fregus ydynt,
y gall ei gariad ef eu hiacháu.

Gweddi
Arglwydd Iesu Grist,
nid ydym yn deall popeth amdanat –
mae'n gwybodaeth ni'n rhannol ac yn gyfyngedig.
Nid ydym wedi gwerthfawrogi beth yw ystyr bod yn ddisgybl i ti,
beth yw'r gofynion,
beth yw'r gost.
Brwydrwn i gerdded yn dy lwybr di,
a chawn ein temtio i grwydro.
Methwn roi'r lle blaenllaw i ti yn ein bywyd,
drwy ganiatáu i betheuach eraill fynd â'n bryd.
Mae'n ffydd yn wan,
a'n hymgysegriad yn dlawd,
er ein bod yn gwybod fod yr ateb i'n holl anghenion ynot ti,
y ffordd,
y gwirionedd,
a'r bywyd.
Helpa ni i glywed dy alwad
a dilyn.
Amen.

Meistr y Wledd

Ioan 2:1–11

Profodd llywydd y wledd y dŵr, a oedd bellach yn win, heb wybod o ble'r oedd wedi dod, er bod y gwasanaethyddion a fu'n tynnu'r dŵr yn gwybod. Yna galwodd llywydd y wledd ar y priodfab ac meddai wrtho, "Bydd pawb yn rhoi'r gwin da yn gyntaf, ac yna, pan fydd pobl wedi meddwi, y gwin salach; ond yr wyt ti wedi cadw'r gwin da hyd yn awr." (Ioan 2:9–10)

Myfyrdod
Wel dyna ryddhad:
dod o hyd i win newydd,
digon a mwy ar gyfer ein holl anghenion,
a hynny wrth iddo brinhau.
Roeddem wedi gwneud camgymeriad,
ac yn wynebu cael ein cywilyddio'n enbyd,
a'r dathliad yn tawelu pan ddylai fod yn cyrraedd ei uchafbwynt.
Ond dyna pryd y camodd Iesu i mewn,
a chynhyrchu galwyni o win,
ac nid y peth rhad
ond gwin yn deilwng o frenin,
y math gorau un!
Galwodd rhai'r weithred yn wyrth,
ac roedd yn siŵr o fod,
ond roedd yn fwy na hynny, hyd yn oed,
llawer mwy –
arwydd oddi wrth Dduw yn dweud wrthym pwy a beth ydoedd;
oherwydd roedd popeth a ddywedodd ac a wnaeth –
ei eiriau o dangnefedd a'i weithredoedd o gariad –
yn llefaru am ddechreuadau newydd,
am un oedd nid yn unig yn troi dŵr yn win
ond yn trawsnewid bywydau yn ogystal,
y gwag yn llawn,
yr hen yn newydd.
Ac nid hynny'n unig,
oherwydd, os deallais yn iawn, mae mwy i ddod:

154

nid dim ond bendithion y tu hwnt i bob dychymyg
ond mwy fyth,
mae'r gorau eto i ddod.

Gweddi
Duw'r brenin,
molwn di am dy nerth,
a'r modd yr wyt wedi newid bywydau dros y canrifoedd,
gan ddwyn daioni o ddrygioni,
gobaith o anobaith
a threfn o anhrefn.
Diolch am ein profiad personol o adnewyddiad,
a'r gwahaniaeth a gyflawnaist yn ein bywydau ni,
drwy roi ystyr iddynt,
llawenydd, tangnefedd a llawnder.
Cadw ni rhag dibrisio'r hyn y gelli'i gyflawni,
nac anobeithio am neb na dim,
gan ein cynnwys ein hunain.
Helpa ni i fyw bob dydd yn y sicrwydd
dy fod yn driw i'th addewidion,
a bod dy gariad yn parhau hyd byth.
Helpa ni felly i ymddiried y dyfodol i ti
yn y sicrwydd fod bendithion eto i ddod.
Amen.

Y Wraig o Samaria

Ioan 4:5–42

Felly daeth i dref yn Samaria o'r enw Sychar, yn agos i'r darn tir a roddodd
Jacob i'w fab Joseff. Yno yr oedd ffynnon Jacob, a chan fod Iesu wedi
blino ar ôl ei daith eisteddodd i lawr wrth y ffynnon. Yr oedd hi tua hanner
dydd. Dyma wraig o Samaria yn dod yno i dynnu dŵr. Meddai Iesu wrthi,
"Rho i mi beth i'w yfed." A dyma'r wraig o Samaria yn dweud wrtho, "Sut
yr wyt ti, a thithau'n Iddew, yn gofyn am rywbeth i'w yfed gennyf fi, a
minnau'n wraig o Samaria?" (Wrth gwrs, ni bydd yr Iddewon yn rhannu'r
un llestri â'r Samariaid.) Atebodd Iesu hi, "Pe bait yn gwybod beth yw
rhodd Duw, a phwy sy'n gofyn iti, 'Rho i mi beth i'w yfed', ti fyddai wedi
gofyn iddo ef a byddai ef wedi rhoi i ti ddŵr bywiol." (Ioan 4:5–7, 9–10)

Myfyrdod
Dyma i chi beth doniol:
un funud roedd y dyn Iesu yna'n gofyn i mi am ddŵr,
a'r funud nesaf roedd yn addo dŵr y bywyd,
yn tarddu oddi mewn,
ffynnon na fyddai'n sychu,
ac yn diwallu fy holl anghenion.
Od iawn.
Ni ddylwn fod wedi ei herio,
a gofyn pwy oedd yn meddwl ydoedd –
Iddew yn siarad gyda Samariad fel yna,
dyn yn mynd at ddynes ar ei phen ei hun –
oherwydd yn sydyn, *fi* oedd o dani,
ac *yntau* yn gofyn y cwestiynau;
fi mae'n debyg yn sychedig
ac yntau'n medru cwrdd â'm hangen.
Er fy mod wedi drysu roedd hefyd wedi fy nenu,
ei eiriau'n ddirgelwch a hefyd yn ddryslyd,
yn llawn addewidion ond hefyd yn herio.
Roedd wedi amgyffred fy ngwir angen yn well na fi,
a gwyddai am bob bai,
eto er gwaetha'r cwbl,

ymddangosai'n barod i'm bendithio yn ôl ei addewid.
Rwy'n dal heb ddeall yn iawn,
oherwydd mai ef a wnaeth y symudiad cyntaf,
yn chwilio am fy nghymorth i, pe bai ond am gwpanaid o ddŵr,
ond gadewais yn teimlo beth bynnag y gallwn i ei roi iddo ef,
gallai *ef* gynnig mwy i *mi*.

Gweddi

Arglwydd Iesu Grist,
diolch i ti am dy gariad –
y llawenydd, y gobaith a'r tangnefedd a roddi bob dydd.
Diolch am y nerth, y trugaredd a'r fendith a ddaw i ni oddi wrthyt ti'n ddiffael,
diolch am beidio â gofyn am ddim yn gyfnewid ar wahân i dderbyn yr hyn a roi;
ein bod yn agor ein calonnau i ti yn llawen,
a derbyn yr hyn yr wyt yn dymuno ei bentyrru arnom.
Helpa ni i ddathlu haelioni dy ras,
a llawnder y bywyd sydd ynot ti.
Amen.

Dyn a Anwyd yn Ddall

Ioan 9:1–41

Yna galwasant atynt am yr ail waith y dyn a fu'n ddall, ac meddent wrtho,
"Dywed y gwir gerbron Duw. Fe wyddom ni mai pechadur yw'r dyn hwn."
Atebodd yntau, "Ni wn i a yw'n bechadur ai peidio. Un peth a wn i:
roeddwn i'n ddall, ac yn awr rwyf yn gweld." Meddent wrtho, "Beth
wnaeth ef iti? Sut yr agorodd ef dy lygaid di?... Fe wyddom fod Duw wedi
llefaru wrth Moses, ond am y dyn hwn, ni wyddom o ble y mae wedi dod."
Atebodd y dyn hwy, "Y peth rhyfedd yw hyn, na wyddoch chwi o ble y
mae wedi dod, ac eto fe agorodd ef fy llygaid i." (Ioan 9: 24–26, 29–30)

Myfyrdod
Doedd dim synnwyr yn y peth,
oherwydd mai dyn dall fûm i erioed,
ond nawr yn gweld yn gliriach na neb –
nid â'm llygaid yn unig
ond â'm henaid.
Iachaodd Iesu fi,
a'm gwneud yn gyfan,
ond doedd yr hen Phariseaid yn dal ddim am dderbyn hynny,
a'i wrthod fel pechadur,
a honni mai twyll oedd y cyfan.
Doeddwn i ddim yn synnu rhywsut,
oherwydd cefais innau fy nghondemnio ganddynt,
gan honni mai gweithred ddwyfol oedd fy nghyflwr,
cosb am ryw drosedd annelwig rywbryd yn y gorffennol,
ond dangosodd Iesu iddynt yn wahanol.
Yn ôl Iesu nid ewyllys Duw yw tristwch a dioddefaint,
ond rhan anorfod o fywyd,
yn groes i fwriad Duw,
a sefyllfa a drawsnewidir yn llwyr ryw ddiwrnod.
Daeth yr awr honno yn fy hanes i,
gwasgarodd y tywyllwch ar gyffyrddiad ei law,
a llifodd goleuni i'm bywyd.
Eto, ymddangosai'r rhai a ddylai ddeall

nad oeddent hwy wedi ei *gweld* hi.
Mae'n ddirgelwch i mi,
oherwydd roedd yn amlwg iddo gael ei anfon gan Dduw,
nid yn unig i weithio yn ei enw ond i ddatguddio ei gariad,
eto ni allent *weld* er iddynt syllu.
Rhyfeddod y rhyfeddodau, agorodd fy llygaid i,
ond gadawyd hwy yn eu dallineb.

Gweddi
Arglwydd,
clyw ein gweddi ar ran y rhai sydd wedi cau eu meddyliau i ti,
yn analluog neu'n amharod i gydnabod dy gariad.
Llefara dy air wrth y rhai sy'n gwrthod clywed –
neu yn dy ddiystyru fel rhywun amherthnasol i'w bywyd.
Llefara wrthym ninnau hefyd,
oherwydd er i ni ymateb i ti mewn ffydd,
rydym yn dal yn euog o'th gau di allan o'n bywydau.
Tor drwy furiau casineb ac amheuaeth,
traha a difaterwch,
a datguddia dy ras a'th ddaioni yng Nghrist.
Amen.

Lasarus

Ioan 11:1–45

Daeth Iesu at y bedd. Ogof ydoedd, a maen yn gorwedd ar ei thraws. "Symudwch y maen," meddai Iesu. A dyma Martha, chwaer y dyn oedd wedi marw, yn dweud wrtho, "Erbyn hyn, syr, y mae'n drewi; y mae yma ers pedwar diwrnod." "Oni ddywedais wrthyt," meddai Iesu wrthi, "y cait weld gogoniant Duw, dim ond iti gredu?" Felly symudasant y maen. A chododd Iesu ei lygaid i fyny a dweud, "O Dad, rwy'n diolch i ti am wrando arnaf. Roeddwn i'n gwybod dy fod bob amser yn gwrando arnaf, ond dywedais hyn o achos y dyrfa sy'n sefyll o gwmpas, er mwyn iddynt gredu mai tydi a'm hanfonodd." Ac wedi dweud hyn, gwaeddodd â llais uchel, "Lasarus, tyrd allan." Daeth y dyn a fu farw allan, a'i draed a'i ddwylo wedi eu rhwymo â llieiniau, a chadach am ei wyneb. Dywedodd Iesu wrthynt, "Datodwch ei rwymau, a gadewch iddo fynd."
(Ioan 11:38–44)

Myfyrdod
Galwodd fi allan o'r bedd,
ei eiriau rhywsut yn cyrraedd i'r tywyllwch
ac yn adfer bywyd.
Un eiliad, ebargofiant –
a'r nesaf yn sefyll ar fy nhraed,
yn ymbalfalu allan o'r bedd.
Un eiliad wedi fy nghlymu fel delw mewn cadachau
a'r nesaf yn crafu fy mhen mewn penbleth llwyr,
ac wedi drysu gan yr olwg ar eu hwynebau.
Roedden nhw'n credu mai ysbryd oeddwn,
ac edrychent mewn syndod a rhyfeddod.
Bûm farw,
ac roeddwn yn fyw eto,
yn *wirioneddol fyw* –
nid bodoli fel yr oeddwn o'r blaen,
ond wedi fy llenwi â llawenydd na phrofais o'r blaen,
wedi fy rhyddhau nid yn unig o'r amwisg
ond rhag popeth a'm caethiwai,

popeth oedd yn gwadu ac yn difa bywyd.
Gwn y byddaf farw rywbryd, wrth gwrs,
fel pawb arall,
ond fe'm galwodd o'r bedd,
a threchu grym angau,
ac mi wn nawr, yng nghyflawnder yr amser,
ei fod yn abl i wneud yr un fath â llawer mwy,
nid yn unig i mi
ond i bawb.

Gweddi
O Dduw tragwyddol,
diolch am y gobaith yr wyt ti yn ei roi i ni,
gobaith nad yw'n siomi.
Diolch am gael gwybod er y daw'r hen fywyd i ben –
gan ddwyn gydag ef boen profedigaeth,
yr ing o golli anwyliaid,
a'r ymwybyddiaeth noeth o'n meidroldeb ein hunain –
y gallwn, er hynny, wynebu angau,
nid mewn ofn,
ond yn dawel ac yn hyderus,
yn gwybod nad yw ond cam i ddechreuad newydd,
a phennod newydd ar ein pererindod.
Amen.

Un o'r Dorf yn Jerwsalem

Mathew 21:1–11

Ac yr oedd y tyrfaoedd ar y blaen iddo a'r rhai o'r tu ôl yn gweiddi: "Hosanna i Fab Dafydd! Bendigedig yw'r un sy'n dod yn enw'r Arglwydd. Hosanna yn y goruchaf!" Pan ddaeth ef i mewn i Jerwsalem cynhyrfwyd y ddinas drwyddi. Yr oedd pobl yn gofyn, "Pwy yw hwn?", a'r tyrfaoedd yn ateb, "Y proffwyd Iesu yw hwn, o Nasareth yng Ngalilea." (Mathew 21:9–11)

Myfyrdod

Dylech fod wedi gweld y dorf y diwrnod hwnnw!
O'i gwmpas ym mhob man,
yn rhedeg o'i flaen,
ac yn gwthio o'r tu ôl,
miloedd yn tyrru drwy byrth y ddinas,
pawb yn gweiddi am y gorau.
Roedden nhw'n ecstatig,
yn chwifio palmwydd mewn croeso,
ac yn taenu eu dillad ar y ffordd.
'Hosanna!' gwaeddent.
'Hosanna i Fab Dafydd!'
'Bendigedig yw'r Arglwydd!'
A phwy oedd yn eu *canol*?
Y dyn o'r enw Iesu,
o Galilea yn y gogledd.
Roedd yr enw yn canu cloch,
oherwydd clywais storïau am arwyddion a rhyfeddodau,
am ddyn a iachaodd y cleifion,
bwydo'r tyrfaoedd,
a gostegu'r storm –
proffwyd heb ei debyg, yn ôl rhai.
Ond wir i chi,
welais i ddim byd arbennig ynddo,
dim byd i ddal fy llygaid –
dim ond person cyffredin,

fel chi a fi.
Eto dalient i gymeradwyo,
fel pe baent yn croesawu dyfodiad y Meseia ei hun,
Mab Duw,
brenin buddugoliaethus.
Mae'n dipyn o benbleth i mi,
oherwydd byddwn wedi disgwyl clywed sain yr utgyrn,
pe byddai hynny'n wir,
cerbydau aur a gorymdaith frenhinol –
nid dyn yn marchogaeth ar *ebol asyn*.
Ond mae'n rhaid bod rhywbeth ynglŷn â'r dyn i achosi'r fath gynnwrf,
rhyw ddawn i ennill calonnau a dal y meddwl.
Dydw i ddim yn siŵr beth,
na sut,
ond rwy'n bwriadu dod i wybod;
mae'n achos chwilfrydedd.
Gormod i'w anwybyddu.

Gweddi
Arglwydd Iesu Grist,
gwared ni rhag cymysgu gwerthoedd y byd hwn
â'th werthoedd di,
a rhag ystyried dy deyrnas fel un sy'n ei gwthio'i hun ar bobl –
yn pwyso,
yn gorfodi.
Dysg i ni mai ffordd cariad yw dy eiddo di,
ffordd sy'n gwahodd ymateb.
Helpa ni felly i ymwadu â ni ein hunain,
er mwyn darganfod pwy ydym mewn gwirionedd:
i fod yn olaf er mwyn bod yn gyntaf,
i golli ein bywyd er mwyn ei ddarganfod,
i gerdded ffordd frenhinol y groes.
Amen.

Joseff o Arimathea

Mathew 27:57–66

Cymerodd Joseff y corff a'i amdói mewn lliain glân, a'i osod yn ei fedd newydd ef ei hun, yr oedd wedi ei naddu yn y graig. Yna treiglodd faen mawr wrth ddrws y bedd ac aeth ymaith. (Mathew 27:59–60)

Myfyrdod
Dylwn fod wedi gwneud mwy, rwy'n gwybod hynny,
fy rhodd dila o fedd, rhy ychydig, rhy hwyr.
Dylwn fod wedi ymateb pan allwn –
cyhoeddi fy nghariad, fy nheyrngarwch,
tra'i fod yn dal yn fyw.
Ond wnes i ddim, naddo,
enillodd ofn y dydd.
Gallwch gydymdeimlo, does bosib?
Roedd fy ngyd-Phariseaid yn casáu Iesu, cofiwch,
felly roedd cael eich gweld gydag ef,
heb sôn am gael eich galw yn gefnogwr,
yn golygu trwbl gyda 'T' fawr;
gwrthodiad o leiaf,
yr un dynged ag ef, mwy na thebyg.
Felly, beth newidiodd, rwy'n eich clywed yn gofyn?
Beth barodd i mi,
a fu'n ddistaw cyhyd,
ddangos fy ochr,
a mentro'r cyfan er mwyn dyn oedd wedi hen farw?
Dyna'r peth chi'n gweld.
Doedd dim *angen* iddo fod wedi marw,
os nad oedd yn dymuno hynny,
oherwydd roedd Duw gydag ef yn fwy na neb,
ond cynigiodd ei fywyd yn wirfoddol,
mewn hunanaberth,
yn sicr y gallai newid y byd am byth.
Dydw i ddim yn gwybod sut,
na pham,

ond mi wn i hyn:
allai neb fod wedi fy ngharu i yn fwy,
na rhoi cymaint
mor rhad.
Sut allwn i beidio ag ymateb?

Gweddi

Crist ein Gwaredwr,
gwyddom na allwn ddiolch yn ddigonol i ti am yr hyn a wnaethost,
na'th foliannu ddigon am helaethrwydd dy ras
a dyfnder dy gariad,
ond cadw ni rhag defnyddio hynny'n esgus am beidio â'th anrhydeddu
fel y dylem.
Helpa ni i ddangos ein diolchgarwch drwy'r hyn ydym:
calonnau'n agored i ti,
meddyliau'n dy geisio,
geiriau'n dy gyhoeddi
a gweithredoedd yn dy wasanaethu.
Er mor annheilwng ydym,
cynorthwya ni i barchu dy enw,
a hyrwyddo dy deyrnas –
i ymateb yng ngwir ystyr y gair.
Amen.